TELEGRAMS
FROM THE CITY UNDER SIEGE

POEMS & STORIES

☙

TELEGRAMMI
DALLA CITTÀ ASSEDIATA

POESIE E RACCONTI

TELEGRAMS
FROM THE CITY UNDER SIEGE
POEMS & STORIES

❦

TELEGRAMMI
DALLA CITTÀ ASSEDIATA
POESIE E RACCONTI

Marco Genovesi
translated by
Hoyt Rogers

ODD VOLUMES

OF

THE FORTNIGHTLY REVIEW

LES BROUZILS 2015

ODD VOLUME No. 7 | 2015
ISBN 978-0692299050

Portions of this book were previously published in
The Fortnightly Review *online at fortnightlyreview.co.uk*

Odd Volumes
The Fortnightly Review
www.fortnightlyreview.co.uk

Le Ligny
2 rue Georges Clémenceau
85260 Les Brouzils

France.

To
Marie Malmkjær Willumsen

TABLE OF CONTENTS

TELEGRAMS
from the city under siege

I: barricades

The glass of red wine is half empty, amid wastepaper and scattered pages, next to the bottle and the clicking computer, played by my skeletal fingers that scamper in the dark room. I claw out another cigarette and start to suck its soul, like a dusty vampire trying to squeeze a drop of blood from a mummified carcass, like a bony spider hopping nervously on its web as it looks for new flies. The clock says it's three-thirty in the morning, and the wolves of the city are performing their blood-thirsty concert in the streets. Hendrick, sitting in the corner armchair, would be completely plunged in shadow if it weren't for the glow of the cigar he's smoking and the stiletto he clenches in his fist. "You can't trust the icy street," he says, "you can only go forward the best you can." And I know, even though I'm unable to see his face, that he's smiling.

II: lightness

Autumn is coming. I understood it perfectly just now, as soon as I left the house. The air is still humid, stagnant, but the sky is uniformly gray, with milky clouds that float as in an aquarium, like snow inside a glass ball that stirs as the dense water carries it over scenes of tiny, fake plastic houses and snowmen. These clouds that swirl again and again seem heavy, exhausted, bleak, though they're nothing but tatters of fog, beyond which a limpid, otherworldly fire glitters in an unreachable ocean of air and light. The Corso is crossed by small groups of people. Families, girls on bicycles—and at the tables of cafés people read the newspaper or chat quietly, like self-propelled silhouettes of ivy, in the shadow of worn ancient statues and palaces fallen into ruin. The trees on either side of the street are still green, but that green color is already starting to fade, and already their crowns are flecked with faint, sporadic spots of yellow and red. As I stroll down the avenue one of those yellow leaves comes loose from a tree and falls slowly to the sidewalk. I can almost hear it fall. These are the first leaves to fall. It's still early, very early, but before long the streets will be swept by a cold and sodden wind, and the layer of gray clouds will thicken, while the leaves on the trees will be fewer and fewer, and the dry, black branches will reveal themselves and grow more and more. I'll walk through these streets, against the wind that makes the carpets of fallen leaves take wing, moving them as in a strange flight without a goal that breaks free from the cogs of time. Now and then the air riffles with a faint murmur of voices. It's been a week since I've spoken, and I'm almost tempted to do so at this moment, all alone in the street, just to see if I still can. But I dismiss the urge. It's lovely at times not to know for sure about something that's certain. Not being a hundred percent sure within ourselves of being able to speak—when we've spoken up

till a short time ago and rationally know quite well that we can—
generates an odd suspension, a fragile enchantment that makes
everything slow down. The slightest vibration of the vocal chords
would suffice to dispel all this absurd unawareness, but if that
happened it would be like being thrust once again into the center
of the world, reacquiring consciousness of everything: of the
weight of the body, of this heap of cells that is slowly aging and
steadily dividing; of the cars that hurtle by; of the buildings and
what's inside them; of the thousands of little chores and errands
that make us walk down a street keeping a precise aim in mind,
keeping it so firmly in mind that the precise aim makes us lose
sight of all the rest, turning an insignificant grain of sand into the
closest thing to the meaning of a life. I don't want to break this
suspended moment. I don't want to vibrate my vocal chords, even
if the temptation is extremely strong. I don't want to get my feet
back on the ground. There are moments when the lightness and
fragility of the surface, the ultra-thin tissue paper of reality, turns
out to be a thousand times truer, more absolute and spiritual than
all the rest. The great books that burn away the stage-curtains of
the world, even those that aspire to the highest summits of the
soul, are born of the ceaseless, unbridled toil of a brain swollen
and mangled by the intense effort of creation. A brain that in its
aching and feverish toil only cleaves more and more to the earth;
our mind branches out and grows heavier, sends down deeper and
deeper roots, and for every meter it gains in its attempt to touch
the sky the thick black roots that join it to the earth become more
powerful, sucking and even devouring from the earth the nutrients
it needs to expand and to believe that it is reaching for the sky. Art,
like all else that is cloaked in the sacred, is "profound" by nature,
and what is profound is by the same token weighty, obscure, and
plunged into the darkest and densest regions of the earth and of
the brain. I have loved that profundity, loved it so many times,
but in this moment I wouldn't be able to bear it. In this moment
I imagine a purple silk scarf that the wind is tearing away from

the neck of a beautiful girl, pale and blonde, who's on the deck of a ship far out on the North Sea, frightened and at the same time attracted by the infinite grandeur of that mass of cold gray water, by the bulk of the abysses hidden under the skin of the waves, hypnotized by that mist on the horizon that like a strange mirror blocks every view of the future, and reflects us in a continual trend toward the future itself... that purple scarf torn away from that girl by the wind, hovering vivid and light for a few seconds before it has to fall into the cold water, seems to me a thousand times more powerful, dangerous, authentic, harrowing, and intense than all the explosions of greatness that topple the walls of human limits and lift the veils of consciousness. The lightness of that purple scarf obliterates the chains of time in a single stroke, pulverizes every tree that reaches for the sky, and crushes every Tower of Babel. All the statues that we raise to ourselves on pedestals of egoism and narcissism, our desperate bids to grasp the world and the universe, our strenuous somersaults as we try to forget death, to fight our loneliness, to avoid feeling like pebbles thrown into a pond... all this dissolves like a little lump of sugar in a lake, and nothing remains to us but a fluctuating, unconscious awareness of each thing. The meaning of things ceases to be a problem, precisely because just such a meaning shines out of things themselves, even though it's perceived by us only as a kind of ultrasound frequency, a humming that softly caresses the folds of the brain and makes rivulets of hyper-reality flow along our temples. Only if we renounce the force of the mind, the heaviness of reason, the violence of thought and the creative process, will we retain enough silence to sense that imperceptible hum. The Corso gives way to the Piazza, with its big buildings and colonnades. I sit down at the table of a bar and order a large coffee with ginseng, a small bottle of tonic, a sandwich of salmon and lettuce, and a butter cookie with chocolate chips. The afternoon is just beginning, the sun looks like nothing more than a luminous bruise on the skin of the clouds, and autumn is coming.

III: collapsing

Red bands in the sky:

Scrapes

In flames

Over the park and the streetlamps.

"Once you have me,"

She told me

Looking at the houses faraway

"My flame will go out

And you will drown in darkness."

IV: resistance

The square was dark that night. The streetlamps had almost all gone out, except for two or three. The wind blew everything away. Frigid and deadly, it came from the north, where jagged glaciers snarled in an endless night, from the beginning of time. Heedless of winter's rage, the colonnades and marble buildings around the square never budged. Trump and I were sitting on the steps of Parliament, huddled in our fur coats, with our hats pulled down on our heads. The cold was eating us alive. Trump passed me the bottle and I took a long slug. It burned the pit of my stomach. "We have to go home or we won't make it," I told him. "It's already too late," he replied. "The street is blocked by barricades." He grabbed the bottle again and knocked back a gulp. "How will we get through the night?" I asked him calmly, looking at the streetlamps. Two of them were shining on the cobblestones of the square, the marble of the monuments. Trump seemed to think it over a bit, and then he answered simply: "We won't. Not this night."

The snow, meanwhile, kept falling.

V: hope

Bright purple lipstick
And a serious expression
With those big, sad
eyes of hers.
We were in that cafeteria
In the wan light
She put her dancing shoes on the table
Staring at me
On the point of asking something
That she couldn't ask
Because otherwise the sky would have opened
And nothingness would have unhinged the universe.
She stared at me with those worn dancing shoes
On the table
While outside the sky was leaden
And the dank, swollen river flowed by
And people hurried along, indifferent
To the living dead
On the edge of the road
And to the dried-up scorpions
In the dark corners, amid the trash.
She stared at me
With those worn dancing shoes
On the table
When it was already late for everyone
And from the loudspeakers
Sirens blared.

VI: terror

The woman slowly turned a page of the magazine. She was sitting on the sofa in the living room of her house. The floor was parquet and the walls were white. Everything was clean and neat. It was early afternoon, and from the large window behind her back you could see the street, lined by cookie-cutter villas with their driveways and red roofs; and above the road, the whitish sky. It seemed that the houses were on their guard, keeping an eye on each other, even though all the objects of value had been hidden somewhere, far from any curious looks. Besides, all the alarms were activated, and the police patrol went by every quarter-hour. She turned another page, but then it seemed as if a hunch had started tickling her brain. She swiveled around and saw somebody walking along the street. He wasn't from the neighborhood, and from the way he was dressed he probably came from the North Side, with its working-class houses of concrete, clumps of stores with bullet-proof glass, asbestos wrecks dumped in the parks, and factories with barred doors and broken windows. She looked at him, careful not to let herself be seen. In the other little villas as well someone was looking out of the window, feigning indifference while watching the man's every movement. Thank goodness he finally turned right, disappearing from view, so the woman could go back to her magazine. She read another page, then raised her eyes. She must polish that wooden shelf, she thought, and dust the chandeliers. She heard a muffled noise from the upper floor. The woman didn't pay much attention to it. She knew where it came from. No doubt it was the spider. Lately he had taken to growing far too much, and he no longer felt comfortable in his room. The last time she had brought him something to eat, she realized that soon he would grow so big he would break through the ceiling. One of these days, she thought, she must move him to a larger room.

VII: love

The alarm clock rings. It's dawn. The girl opens her eyes and feels naked when she dives into the white, cold light of early morning. She presses the button that postpones the alarm for five minutes and scurries to the other side of the bed. I'm ready to receive her. She clings to me, and I hold her in my arms. She sinks her head into my shoulder, and I give her a light kiss on the forehead. We stay that way, two human beings who're trying to survive, lost in a frozen world, but not alone. We stay that way until the alarm goes off again. At that point, as every morning, with her voice full of sleep and her face still buried in my shoulder, she murmurs wearily: "I have to go to work." I laugh and kiss her on the forehead again, then I whisper into her ear: "See you this evening."

VIII: *darkness*

I ring the bell and you open the door to invite me in. You're thinner than the last time, and your cheek-bones look harder and sharper. All the same, you still have a beautiful face, even if you're paler and your eyes seem a bit more tired, weighed down by slight bruises of insomnia. Your house is small, with white walls and red carpeting. There's nothing but an unmade bed, an armchair, and an uncomfortable wooden chair, next to the big open window that looks out on the skyscrapers and the street. Also a small humming refrigerator, an aquarium with multi-colored fish, and a screen that hides one corner of the room. I sit down in the armchair, and you give me a drink; holding another drink in your hand, you sit across from me on the wooden chair. You smile. A luminous smile. We talk a bit, but it's as if neither of us feels the need to say anything important. We already know everything, and the only thing we need is your smile as you look into my eyes. After a half-hour, a strange music starts coming through the window, an earthly sound that expresses an unearthly melody. Still smiling, you set down your glass. Slowly, with elegant steps, you go behind the screen and start dancing. All I can see is your black outline, your shadow that dances behind the screen. At a certain point shadows of men appear that dance along with you, as gently as algae rooted to the ocean floor that sway between the fingers of currents, dark, freezing, slow, and powerful. You are there, a shadow that dances with other shadows. Shadows that come from worn slabs encrusted with moss, erected on hills drenched by rain and fog. I know that you're behind that screen, I know that those shadows are there with you. Even if I leaned around to see what's behind that screen and didn't see anyone, not even you, I know that you and those shadows are there, and that you're dancing together. I stay seated and watch you. You're a bit paler, a bit thinner, a bit more tired than the last time, but you've never been so beautiful, so perfect. After a while you'll step from behind the screen, in flesh and blood as before, and you'll look at me again with your disarming smile. But I know, I know for a certainty, that the day will come when you don't want to step from behind that screen again. And when those shadows disappear you will vanish too, going off with them forever.

IX: suspension

In the canal the gray, silt-filled water glided slowly by. Shultz and I were leaning on the rail. The sky was cloudy, and in the port the smoke that rose from the factory chimneys mingled with the clouds; it spread a black stain on the sky, as chromatic as an espresso poured into a glass of hot milk. It was cold outside, and my jacket wasn't warm enough. Hardly anyone was still around. The crowd that packed the church before had flowed out some time ago, diminishing minute by minute. Only Shultz and I remained, and we no longer had much to say. In other circumstances, we would have talked about Chinese hair-bands— according to us, they were made of used condoms. We would have picked out any old topic and turned it into a surreal mass of nonsense and grotesque paradox, so the conversation became a monstrous, shapeless mishmash that made us laugh. But that afternoon we both stayed there staring at the water, making little more than small talk in lowered voices. Our minds were still back in the church, and our eyes were still seeing that coffin where a body lay—before then it had never seemed so small and fake, like a wooden puppet daubed with shoddy paint. Our memories still lingered on the evening before, when one cup of coffee followed another in that room full of silent people. Once she had told me: life is a struggle, and you have to fight every day. As I stand there staring down at the canal, I think that this is true. And that she fought till the very end.

X: conquering

The Champion enters the dark, crowded room, and immediately, all the spectators hold their breath. After a few seconds they burst into applause. Loudly, but without any human warmth. The applause is only something that has to happen when he comes into the room. It has nothing to do with fondness or admiration, it's the consequence of a natural law. At any rate he pays no attention to anything. With long, slow steps he places himself in front of the snooker table and stares at it. His eyes, normally like glass marbles, impenetrable and empty, glitter at the sight of the green table, turning deep and murderous. The match begins with the opening shot of the challenger. Immobile, the Champion looks on, then picks up a cue and comes up to the table. Unbeatable. Unapproachable. Flawless. He seems to be made of steel, yet all that perfection is based on a mechanism triggered by fine and delicate gears that have to move in faultless synchrony. His every thought in this moment is lethal, and focused on victory. To win always. To win always, no matter what. The public secretly hates him and fears him, because he's had the gall, the courage, the talent, the madness, the tenacity to be unattainable and bear the loneliness this entails. The sympathy of the spectators goes to the challengers, more human, more accessible, more fallible, and so doomed to lose. Victory after victory, the Champion is hated more and more, and he senses it. He senses the public surrounding him like hyenas circling a gigantic lion. He senses their hate, and shot after shot it makes him feel stronger and stronger; and while there's only silence in his mind and a series of fluid, glacial rivulets that lead him to frame the winning series, his face takes on a sneer of disdain towards all and sundry, a sneer that erects even thicker walls around him. The gears continue to turn, and they turn faster and faster as victory approaches. It would take the merest nothing to break the balance, to foul up those tiny and delicate gears that spin at a demented speed; and once broken, the balance could never be restored, and he would no longer be the Champion. But the balance doesn't break. The match comes to an end. The lights are turned on again. The public, terrified and furious, applauds him once more. His eyes go flat and empty as before. Another victory. Another match that comes to an end. Nothing has meaning anymore, now that the green table is there, lit up by neon and the flashes of photographers, just like any other paltry thing in this world, and everything else reappears. He doesn't even sense the hate that lashes his pride, but only the sterile emptiness that sunders him from everything. The Champion is now alone, and he feels it. His loneliness is like a black cancer that grows while he stands before the spotlights, surrounded by applause.

XI: slipping

I'm searching
For an eroded stone.
Nobody walks
Among the trees
In this season.
Dry leaves
And black branches
Gray, motionless lakes.
It's always beautiful
To stroll
Through Resistance Park
In winter.
Surrounded
By the cold
Damp and clammy
Walking
Along paved streets
That pass by
Ancient relicts
Erected in the grass
Arches of amber
Tapered and slender
Dry, blackened bones
On pedestals of marble.

XII: uncertainty principle

In the field of reality the connections of which are formulated by quantum theory, then, the natural laws do not lead to a complete certainty of what occurs in space and time; instead, occurrence (within the frequencies determined by means of the connections) is left up to the play of chance. –Werner Karl Heisenberg

You can often see him seated at a small table of the bar in the Corso della Repubblica. He sits there, all alone. He's completely immersed in the flow of the traffic and people moving and pulsating there, and at the same time he's outside it. Between the index and middle fingers of his right hand he holds a cigarette, while with his left hand he clenches something in his fist. Now and then he lifts the cigarette to his lips and inhales, exhaling a slow whorl of smoke. He stays there for hours, intently staring at the glass of water with ice he keeps before him. Beside him are five skinny wolves, starving and fierce, who growl at him as they bare their sharp, bloody fangs, huffing their breath at him that smells of putrid blood, but he doesn't pay them any mind. He sees them, he hears them in all their ferocity, but his vision of those wolves is somehow rarefied. It rains. An ultrafine rain showing the world as if observed through a windowpane, crazed by a thousand cracks and almost on the point of crumbling. The sound of the rain that falls on the street pervades everything with a continuous rustling, faint and eternal. A silent roar. Two young children walk by him, a boy and a girl. Their hair is purple and they're dressed in armor of multi-colored ivy. They walk by him, and he doesn't even look at them, but all the same he feels them growing inside him; at the exact moment they walk by him he *becomes* those children, in their entire being, and when they walk on ahead he turns back into himself, smoking a cigarette and clutching something in his fist, intently staring at that glass of water with ice. It's as if he'd been transformed into the tuning fork of the world, able to capture all the vibrations of the universe as it dilates and contracts, all the growth of life that twists and expands in infinite branches, tortuous filaments, like a plant that has to bore through a heavy stratum of stone in order to reach the sun. At a certain point it's as if his black eyes were becoming even blacker, unfathomable. Then he thinks: this is the moment. He holds his fist up to the glass of water and opens his hand. Inside it is a red petal. The petal comes from a flower that sprouts from a burning ocean of flesh, blood, and pain. A flower that is made of flesh, blood, and pain, but also of something else. Something else that makes a sun glow within it and light it up. He drops the petal in the glass of water, and in the milliseconds before the petal touches the surface of the water, he looks around him, and sees all the people who're rushing by on every side. He sees all those people, and he sees them shine, as if inside them as well there were a sun that gives off light and warmth. The petal grazes and breaks the surface of the water, and thousands of red veins begin to penetrate its liquid transparency. Everything stops. People, cars, and also the rain. Then, supplanting the rain of minute water-drops, another rain begins to fall that is a hundred times denser. A rain of pollen, wholly and perfectly white, that falls lightly, wafted by the wind. It's as if that white rain had slashed through time and opened an instant of eternity. After half a second or a trillion years that rain comes to a halt, and the world goes back to moving and throbbing and making an incessant hubbub in the streets. He takes another drag on the cigarette, expelling a fluid spider-web of bluish smoke.

XIII: scratches on glass

The ghosts come every time I try to write. It would be better to say that they emerge on those occasions, since in reality they are always with me. Sunny days and moving trains may hide them, but like derelict buildings in the fog, they wait for nothing more than a light gust of wind to stand out once more against the horizon. I pick up the pen and immediately hear the clinking of a glass. It comes from the sofa next to the fireplace. I turn around, and even if I don't see anything but the gleam of a knife in the dark, I know who I'm facing. I try not to think about it, to go on looking at the page and gripping my pen, but when a woman's voice calls me by name my whole attempt crumbles in the quicksand of failure. I turn around and she's crouching on the window sill, half illumined by the streetlights and the moon, half melted into the darkness of the room. She smiles and tells me: "The women you write about in your stories always press a sharp pin against their chests. In each story you do nothing but try to reach me, without ever succeeding. Many would be angered by this blind pursuit. I find it flattering."

XIV: death

The girl was racked by a fit of seizures. She seemed like a marionette, jerked by a madman with sheer, invisible strings. Throngs of people surrounded her, but no one dared to come close. The sun was high, shining down on the dusty square. Its packed earth turned darker and darker; the houses around it paled, whiter and whiter; the cracks in their stucco grew bigger and bigger. And the girl went on screaming, a scream so shrill it gave you gooseflesh. She writhed on the ground, and her dress—so blindingly white at first—was soon stained by dirt. Then, as she kept thrashing on the ground of the square, she started laughing. An inhuman laugh, like a black shadow in the city of light.

XV: end of the world

At a certain point, the park's gravel paths came to an end. They gave way to a large clearing: its gray grass blended the white of streetlamps with the black of night. The open space dwindled at the edges, where the light no longer fell. There the grass simply disappeared, swallowed up by a dark wall. On the grass some children ran around—skipping, shouting, and bursting into silver laughter. Klaus and I stood nearby and watched them. We wanted to make sure they didn't go too far, and vanish in the gloom beyond the dome of light. We looked at those children play, with their voices so innocent they could demolish mountains, so defenseless they could wipe out whole armies, so pure they could slaughter death, so beautiful they could drive you mad with terror. I asked Klaus: "Where are the rest of us?" "Far away," he replied.

XVI: mist

It was a paved, narrow street, choked on either side by two compact rows of old brick houses. The two rows were joined at regular intervals by arches, also made of bricks, and from them hung old lanterns that shed a halo of viscous, feeble light. The street was so long it seemed like that infinite gallery you see when you place two mirrors in front of each other. We were all drunk, and the girls were afraid of the street. But Erik and I entered it. We were curious to see where it would take us. The girls started shouting and calling us. I went back to them, but I could tell that Erik wasn't following me. I wheeled around and saw him: staggering, gripping a bottle of wine in his right hand, he continued down the street. I never saw him again.

XVII: seeking refuge

She wasn't frightened. She managed to see even in the thickest darkness. Her eyes were large, intense, and violet, and her short, straight hair, cut in a page-boy, was colored a lovely pale-blue. She continued straight ahead, careful not to lose sight of the canal that flowed beside the road. It was too dark to see the water flowing in the canal, but she managed to discern it. She kept on walking. The water started becoming slightly paler, till it took on a shade of vivid blue; it also got colder, to such a degree that tiny pieces of ice began to form, floating like so many petals. At a certain point she stopped, climbed over the low wall, dipped down the gentle hill, and entered the water. She didn't feel cold. She continued to delve into the somber water, deeper and deeper, till it became so high she was forced to plunge in and skin-dive. She reemerged after a couple of minutes, at a point where her feet could touch bottom, and then she waded slowly toward the shore. In her hands she held an orchid, so white it slashed straight through the darkness of the night. The water of the canal, now that she had taken the orchid from the bottom, was blacker than ever. Finally she came out of the water and sat on the grass with her legs crossed, continuing to hold the orchid between her hands, protecting it from the wind as it blew but without pressing it too hard.

XVIII: last telegram

Everything shatters everything explodes in a thousand pieces that melt into nothing only a concrete house still left in the middle of heaps of rubble a little concrete house inside there's a girl with dark hair the room is empty there is only falling debris and the noise of the explosions that get closer and the girl has a computer and the girl has written so many pages more and more hectically but now that the explosions are getting closer and closer now that it will only be a few seconds before that house also explodes the last house left in the city and nothingness will reign supreme now that the end is so near the only thing she manages to write as her wide-open streaming eyes are glued to the screen and her fingers tap the keys at an insane speed to write as much as possible even one more letter before the collapse the only thing she manages to write is don't forget don't forget don't forget don't forget don't forget don't forg

TELEGRAMMI
dalla città assediata

I: barricate

Il bicchiere di vino rosso è mezzo vuoto, tra cartacce e fogli sparsi, accanto alla bottiglia e al computer che ticchetta, suonato dalle mie dita scheletriche che zampettano nella stanza buia. Artiglio un'altra sigaretta e incomincio a succhiarne l'anima, come un vampiro impolverato che cerca di cavare una goccia di sangue da una carcassa mummificata, come un ragno ossuto che saltella nervoso nella sua tela, alla ricerca di mosche nuove. L'orologio dice le tre e mezza di mattino e i lupi di città stanno suonando il loro concerto sanguinario per le strade. Hendrick, seduto sulla poltrona all'angolo, completamente in ombra non fosse per la luce del sigaro che si consuma e per il brillio dello stiletto che stringe in pugno, dice: «Non puoi sfidare la strada ghiacciata, puoi solo andare avanti come puoi.» E io so, anche se non riesco a vedere la sua faccia, che sta sorridendo.

II: leggerezza

Sta arrivando l'autunno. L'ho capito perfettamente adesso, appena uscito di casa. L'aria è ancora umida, stagnante, ma il cielo è grigio uniforme, con le nuvole che fluttuano lattiginose come intorno a un acquario, come neve dentro a una palla di vetro, che vortica trascinata dall'acqua densa sopra scenari di finte casette in plastica e pupazzi di neve. Quelle nuvole che vorticano spesso sembrano pesanti, logoranti, cupe, mentre non sono altro che stracci di nebbia, al di là dei quali c'è un fuoco limpido e ultra-terreno, che scintilla in un oceano di luce e aria irraggiungibile. La strada del Corso è attraversata da piccoli gruppi di persone. Famiglie, ragazze in bicicletta, e, ai tavolini dei bar, la gente legge il giornale o chiacchiera tranquillamente, come sagome di edera semoventi all'ombra di antiche statue consumate e palazzi caduti in rovina. Gli alberi ai lati della strada sono ancora verdi, ma quel colore verde inizia già a sbiadire, e già ci sono delle lievi e rare macchioline gialle e rosse in mezzo alla chioma. Mentre cammino in strada, una di quelle foglie gialle si stacca dall'albero e cade lentamente sul marciapiede. Riesco quasi a sentirla cadere. Sono le prime foglie che cadono. È ancora presto, prestissimo, ma di lì a poco le strade saranno spazzate da un vento freddo e umido, e la cappa di nuvole grigie si sarà inspessita, mentre le foglie degli alberi saranno sempre meno, e i rami secchi e neri si scopriranno e cresceranno sempre di più. Camminerò per queste strade, contro il vento che farà volare i tappeti di foglie cadute, muovendoli come in una strana fuga senza meta che si sgancia dagli ingranaggi del tempo. Ogni tanto l'aria si increspa per via di un lieve mormorio di voci. È da una settimana che non parlo, e quasi sono tentato di farlo in questo momento, da solo, per strada, giusto per vedere se ne sono ancora capace. Lascio perdere, però. È bello, a volte, non sapere con certezza qualcosa di certo. Il non essere, dentro di sé, sicuri al cento per cento di poter parlare, quando si è parlato fino a poco tempo fa e razionalmente si sa benissimo di esserne capaci, genera una strana sospensione, un incantesimo fragilissimo che porta tutto a rallentare. Basterebbe solo una minima vibrazione delle corde vocali per spezzare tutta questa assurda inconsape–volezza, ma se questo succedesse, allora sarebbe come venire nuovamente scaraventati al centro del mondo, riacquisendo coscienza di tutto: della pesantezza del corpo, di questo ammasso di cellule che lentamente invecchia e si scinde in continuazione; delle macchine che sfrecciano; dei palazzi e di quello che c'è dentro; delle migliaia di piccole commissioni e incombenze che fanno camminare lungo una strada tenendo bene a mente un preciso fine, tenendolo tanto saldamente stretto che quel fine preciso ci fa perdere tutto il resto, trasformando un granello di sabbia insignificante nella cosa più prossima al significato di una vita. Non voglio rompere questo momento sospeso. Non voglio vibrare le mie corde vocali, anche se la tentazione è estremamente forte. Non voglio tornare con i piedi per terra. Ci sono momenti in cui la leggerezza e la fragilità della superficie, la carta velina sottilissima della realtà, risulta mille volte più vera, assoluta e spirituale di tutto il resto. I grandi libri che bruciano i sipari del mondo, anche quelli che tendono alle vette più alte dello spirito, nascono da un lavoro incessante e sfrenato di un cervello gonfio e tumefatto dallo sforzo e dall'intensità della creazione. Un cervello che, in quel lavoro sanguinante e frenetico, non fa altro che agganciarci sempre di più alla terra; la nostra mente si espande e appesantisce, mette radici profonde, e a ogni metro di altezza che guadagna nel suo tentativo di raggiungere il cielo, le radici spesse e nere che lo legano alla terra crescono di intensità, per succhiare e divorare proprio dalla terra il nutrimento di cui ha bisogno per crescere e credere di tendere verso il cielo. L'arte, così come ogni altra cosa ammantata di sacralità, è "profonda" per natura, e ciò che è profondo è allo stesso tempo pesante, oscuro e conficcato nelle regioni più buie e dense della terra e del cervello. Tante volte ho amato questa profondità, ma in questo momento non sarei capace di sopportarla. In questo momento immagino una sciarpa di seta viola che il vento strappa dal collo di una bella ragazza, bionda e pallida, che se ne sta sulla coperta di una nave a largo del Mare del Nord, spaventata e allo stesso tempo attratta dalla grandezza infinita di quella massa d'acqua fredda e grigia, dal peso degli abissi che si nascondono sotto la pelle delle onde, ipnotizzata da quella foschia all'orizzonte che, come uno strano specchio, blocca ogni visuale del futuro e riflette noi stessi nel continuo tendere verso il futuro stesso...quella sciarpa viola strappata dal vento a quella ragazza, che volteggia colorata e leggera, qualche secondo prima di dover cadere nell'acqua fredda, mi sembra mille volte più potente, pericolosa, vera, straziante e intensa di tutte le esplosioni di grandezza che abbattono i muri dei confini umani e sollevano i veli della conoscenza. La leggerezza di quella sciarpa viola fa svanire di colpo le catene del tempo, polverizza ogni albero che tende al cielo e sbriciola ogni Torre di Babele. Tutte le statue che noi stessi ergiamo su piedistalli di egoismo e narcisismo, i disperati tentativi di capire il mondo e l'universo, le affannate capriole con cui cerchiamo di dimenticarci della morte, di combattere la solitudine, di non sentirci come ciottoli lanciati contro uno stagno...tutto questo si dissolve come una piccola zolletta di zucchero in un lago, e a noi non resta altro che una fluttuante, inconscia consapevolezza di ogni cosa. Il significato delle cose cessa di essere un problema, proprio perché tale significato traspare dalle cose stesse, nonostante venga percepito da noi solamente come una sorta di frequenza ad ultrasuoni, ronzante, che lievemente accarezza le volute del cervello e fa fluire rivoli di iperrealtà lungo le nostre tempie. Solamente rinunciando alla forza della mente, alla pesantezza della ragione, alla violenza del pensiero e del processo creativo, in noi rimane abbastanza silenzio per avvertire quell'impercettibile ronzio. Il Corso lascia il posto alla Piazza, con i suoi palazzi e colonnati. Mi siedo al tavolino di un bar e ordino un caffè grande al ginseng, una bottiglietta di acqua tonica, un sandwich con salmone e insalata e un biscotto al burro con gocce di cioccolato. Il pomeriggio è solo all'inizio, il sole appare come nient'altro che un livido luminoso sulla pelle delle nuvole, e l'autunno sta arrivando.

III: sprofondando

Strisce rosse nel cielo:

Graffi

In fiamme

Sopra il parco e i lampioni.

«Quando mi avrai»,

Mi diceva lei

Guardando le case lontane

«La mia fiamma si spegnerà

E tu annegherai nel buio».

IV: resistenza

La piazza era buia, quella notte. Quasi tutti i lampioni erano spenti, fatta eccezione per due o tre. Il vento spazzava via tutto quanto. Gelido, assassino, veniva dal nord, dove ghiacciai affilati ringhiavano dall'inizio dei tempi in una notte eterna. Mentre i palazzi di marmo e i colonnati della piazza stavano immobili, indifferenti all'inverno che infuriava, Trump e io eravamo seduti sui gradini del Parlamento, stretti nelle nostre pellicce, coi cappelli calati sulla testa. Mangiati dal freddo. Trump mi passò la bottiglia e diedi un lungo sorso. Il fuoco mi chiuse lo stomaco. «Dobbiamo tornare a casa o non ce la faremo», gli dissi. «È troppo tardi, ormai. La strada è bloccata dalle barricate.», rispose lui, afferrando di nuovo la bottiglia e cacciandosela in gola. «Come sopravviveremo stanotte?», gli chiesi, tranquillo, guardando quei due lampioni che illuminavano l'acciottolato della piazza e il marmo dei monumenti. Trump sembrò pensarci un po' su, quindi, semplicemente, rispose: «Non sopravviveremo stanotte.»

La neve, intanto, continuava a scendere.

V: speranza

Rossetto viola acceso
E l'espressione seria
Con quei suoi grandi occhi
Tristi.
Eravamo in quella tavola calda
Nella luce smorta
Mise le sue scarpette da ballo sul tavolo
Fissandomi
Sul punto di chiedere qualcosa
Che non poteva chiedere
Perché altrimenti il cielo si sarebbe aperto
E il nulla avrebbe sgranato l'universo.
Mi fissava
Con quelle consumate scarpette da ballo
Sul tavolino
Mentre fuori il cielo era di piombo
E il fiume marcio e gonfio scorreva
E la gente camminava in fretta, indifferente
Ai morti viventi
Sul ciglio della strada
E agli scorpioni essiccati
Nei vicoli bui, tra i rifiuti.
Mi fissava
Con quelle consumate scarpette da ballo
Sul tavolino
Quando ormai era tardi per tutti
E dagli altoparlanti
Squillavano le sirene.

VI: *terrore*

La donna girò lentamente la pagina della rivista. Era seduta sul divano del salotto di casa. Il pavimento era di parquet e le pareti bianche. Tutto era pulito, in ordine. Era primo pomeriggio, e dalla grande finestra alle sue spalle si poteva vedere la via, con ai lati tante villette tutte uguali, con il vialetto di ingresso, il giardino e i tetti rossi, e sopra la strada il cielo biancastro. Sembrava che le case si tenessero d'occhio reciprocamente, in guardia, anche se tutti gli oggetti di valore erano stati nascosti da qualche parte, lontano da sguardi indiscreti, e tutti gli allarmi erano stati attivati, e la pattuglia della polizia passava ogni quarto d'ora. Lei girò un'altra pagina, ma poi fu come se un presentimento avesse iniziato a farle pizzicare il cervello. Si girò, e vide che qualcuno stava camminando lungo la strada. Non era del quartiere, e, da come era vestito, probabilmente veniva dal Lato Nord, con le sue case popolari di cemento, i mucchi di botteghe coi vetri antiproiettile, le carcasse di amianto abbandonate nei parchi e le fabbriche con le porte sbarrate e le finestre rotte. Lei lo guardò, attenta a non farsi vedere. Anche nelle altre villette c'era qualcuno affacciato alla finestra che, nonostante la simulata indifferenza, teneva d'occhio ogni movimento di quell'uomo. Fortunatamente lui, alla fine, girò a destra, sparendo dalla visuale, e la donna poté tornare alla sua rivista. Lesse un'altra pagina, dopo alzò lo sguardo. Doveva lucidare il legno della mensola, pensò, e togliere la polvere dai lampadari. Si sentì un rumore sordo provenire dal piano di sopra. La donna non ci fece tanto caso. Sapeva da dove veniva. Era senza dubbio il ragno. Ultimamente aveva preso a crescere davvero troppo, e non riusciva più a stare comodamente nella sua stanza. L'ultima volta che gli aveva portato da mangiare, si era resa conto che presto sarebbe cresciuto così tanto da sfondare il soffitto. Uno di questi giorni, pensò, dovrò portarlo in una stanza più grande.

VII: amore

Squilla la sveglia. È l'alba. La ragazza apre gli occhi e si sente nuda quando si tuffa nella luce bianca e fredda del primo mattino. Preme il bottone che rinvia la sveglia di cinque minuti e, veloce, si fionda verso l'altro capo del letto. Io sono pronto a riceverla. Si stringe forte a me, e io la tengo tra le braccia. Affonda la testa nella mia spalla, e io le do un leggero bacio sulla fronte. Rimaniamo così, due esseri umani che cercano di sopravvivere, sperduti in una terra gelida, ma non da soli. Rimaniamo così finché la sveglia non suona di nuovo. A quel punto lei, come tutte le mattine, con la voce piena di sonno e la faccia ancora sepolta nella mia spalla, mormora annoiata: «Devo andare a lavorare». Io rido e la bacio nuovamente sulla fronte, quindi le sussurro all'orecchio: «A stasera.»

VIII: oscurità

Suono il campanello e tu apri la porta e mi inviti a entrare. Sei dimagrita dall'ultima volta, e gli zigomi sembrano più aspri, più affilati. Hai un viso ancora bellissimo, però, nonostante sia un po'più pallido, e i tuoi occhi siano un po'più stanchi, appesantiti da leggeri lividi di insonnia. La tua casa è piccola, con le pareti bianche e la moquette rossa. C'è solo un letto sfatto, una poltrona, una scomoda sedia di legno accanto alla grande finestra che apre sulla strada e i grattacieli, un piccolo e ronzante frigorifero, un acquario con dei pesci colorati e un paravento che nasconde un angolo della stanza. Mi siedo sulla poltrona, tu mi porgi un bicchiere e, tenendo un altro bicchiere in mano, ti metti di fronte a me, sulla sedia di legno. Sorridi. Un sorriso luminoso. Parliamo un po', ma è come se entrambi non sentissimo il bisogno di dire nulla di importante. Sappiamo già tutto, e l'unica cosa di cui abbiamo bisogno è il tuo sorriso mentre mi guardi negli occhi. Dopo una mezz'ora, dalla finestra inizia a venire fuori una musica strana, un suono terreno che esprime una melodia ultraterrena, e tu, senza smettere di sorridere, poggi il bicchiere e lentamente, con passi eleganti, vai dietro al paravento, e inizi a danzare. Posso vedere solo la tua sagoma nera, la tua ombra dietro il paravento, che danza, e a un certo punto appaiono delle ombre di uomini che danzano insieme a te, dolcemente, come alghe radicate sul fondale dell'oceano che oscillano tra le dita di oscure, gelide, lente e potenti correnti marine. Sei lì, un'ombra che balla con altre ombre. Ombre che vengono direttamente da lapidi consumate e incrostate di muschio, piantate su colline bagnate di nebbia e pioggia. So che sei dietro a quel paravento, so che quelle ombre sono lì con te. Sebbene, se mi sporgessi a vedere cosa c'è dietro quel paravento, non vedrei nessuno, nemmeno te, so che tu e quelle ombre siete lì, e che danzate assieme. Me ne resto seduto a guardarvi. Sei un po'più pallida, un po'più magra, un po'più stanca dell'ultima volta, ma non sei mai stata così bella, così perfetta. Tra poco uscirai dal paravento, di nuovo in carne e ossa, e tornerai a guardarmi col tuo sorriso disarmante, ma io so, lo so con certezza, che ci sarà un giorno in cui non vorrai più uscire da dietro quel paravento, e che quando quelle ombre spariranno sparirai anche tu, incamminandoti per sempre assieme a loro.

IX: sospensione

L'acqua grigia e limacciosa scivolava lenta nel canale. Io e Shultz eravamo affacciati alla ringhiera. Il cielo era nuvoloso, e il fumo che usciva dalle ciminiere del porto si mischiava alle nuvole, spandendo una macchia nera simile all'effetto cromatico di una tazzina di caffè che viene immersa in un bicchiere pieno di latte caldo. Faceva freddo, e la mia giacca non era abbastanza pesante. Non c'era quasi nessuno in giro, e la folla che prima aveva gremito la chiesa si era riversata fuori già da tempo, e era scemata minuto dopo minuto. Eravamo rimasti solamente io e Shultz, e non avevamo più tanto da dire. In circostanze diverse, avremmo parlato degli elastici per capelli cinesi, che secondo noi venivano da preservativi usati, oppure avremmo scelto un argomento qualsiasi e, a furia di iperboli, lo avremmo trasformato in qualche surreale ammasso di nonsense e paradossi grotteschi, giusto per creare un aborto di conversazione, mostruoso e informe, che ci facesse ridere. Quel pomeriggio, invece, restammo tutti e due a fissare l'acqua, senza quasi parlare se non per scambiarci dei convenevoli a mezza voce. Le nostre teste erano ancora rimaste nella chiesa, i nostri occhi vedevano ancora quella bara dove giaceva un corpo che prima di allora non era sembrato mai tanto piccolo e tanto finto, come una specie di burattino di legno colorato con vernice dozzinale. I nostri ricordi erano ancora fermi alla sera prima, quando le tazze di caffè si susseguivano una dopo l'altra, in quella stanza piena di gente silenziosa. Una volta mi aveva detto: la vita è una lotta, e bisogna combattere ogni giorno e, mentre sono lì, a fissare il canale, penso che è vero. E che lei ha combattuto fino alla fine.

X: conquistare

Il Campione entra nella stanza buia e affollata, e tutti quanti gli spettatori, immediatamente, trattengono il respiro. Dopo qualche secondo, si leva un applauso. Fortissimo, ma privo di qualsiasi calore umano. L'applauso è solo qualcosa che deve succedere quando lui entra nella stanza. Non c'entra con l'affetto o l'ammirazione, è la conseguenza di una legge naturale. Lui comunque non fa caso a nulla. Con passi lunghi e lenti si mette di fronte al tavolo da biliardo, e lo fissa. I suoi occhi, che di solito sono come biglie di vetro, impenetrabili e vuoti, scintillano alla vista del tavolo verde, e diventano profondi e assassini. La partita incomincia con il tiro d'apertura dello sfidante. Il Campione assiste immobile, poi prende la stecca e si avvicina al tavolo. Sia lo sfidante che l'arbitro si fanno da parte, come spinti via da una bolla d'aria. Anche il pubblico è irrequieto. È sempre così, quando lui è al tavolo. Imbattibile. Inavvicinabile. Perfetto. Sembra fatto di acciaio, eppure tutta quella perfezione si basa su un meccanismo innescato da ingranaggi fragili e delicatissimi, che devono muoversi in perfetta sincronia. Ogni suo pensiero è assassino, in quel momento, e focalizzato verso la vittoria. Per vincere sempre. Per vincere sempre e comunque. Il pubblico, segretamente, lo odia e ne ha paura, perché ha avuto la faccia tosta, il coraggio, il talento, la follia, la tenacia di essere irraggiungibile e di sopportare la solitudine che ne deriva. La simpatia degli spettatori va sempre verso gli sfidanti, più umani, più accessibili, più imperfetti, e, quindi, destinati a perdere. Vittoria dopo vittoria, il Campione è sempre più odiato, e lo sente. Sente il pubblico che gli gira intorno come iene che circondano un leone gigantesco. Lo sente e, tiro dopo tiro, quell'odio lo fa sentire sempre più forte, e mentre nella sua mente non c'è altro che il silenzio e una serie di rivoli liquidi e glaciali che lo guidano verso la costruzione della serie vincente, la sua faccia assume una smorfia di disprezzo verso tutti quanti, una smorfia che erge muri ancora più spessi intorno a lui. Gli ingranaggi continuano a girare, e girano sempre più veloci, man mano che la vittoria si avvicina. Basterebbe un niente per rompere l'equilibrio, per far saltare quegli ingranaggi tanto piccoli e delicati che girano a una velocità forsennata, e, una volta rotto, l'equilibrio non si potrebbe mai più ricomporre, e lui non sarebbe più il Campione. Ma l'equilibrio non si rompe. La partita finisce. Le luci si riaccendono. Il pubblico, spaventato e furioso, lo applaude ancora una volta. I suoi occhi tornano a farsi piatti e vuoti. Un'altra vittoria. Un'altra partita che finisce. Niente ha più senso, ora che il tavolo verde è lì, illuminato dal neon e dai flash dei fotografi, come qualsiasi altra cosa insignificante nel mondo, e tutto il resto ricompare. Non sente più neanche l'odio che sferza il suo orgoglio, ma solo il vuoto sterile che lo separa da tutto. Il Campione ora è solo, lo sente. La sua solitudine è come un cancro nero che cresce, mentre se ne sta in piedi, davanti ai riflettori, circondato dagli applausi.

XI: scivolando

Cerco
Una pietra corrosa.
Nessuno cammina
Tra gli alberi
In questa stagione.
Foglie secche
E rami neri
Laghi grigi e immobili.
È sempre bello
Passeggiare
Lungo il Parco della Resistenza
D'inverno.
Circondato
Dal freddo
Umido e appiccicoso
Camminando
Lungo strade lastricate
Che passano accanto
A antichi relitti
Piantati nell'erba
A archi di ambra
Sottili e affusolati
A ossa secche e annerite
Su piedistalli di marmo.

XII: principio
di indeterminazione

*Nell'ambito nella realtà le cui connessioni sono
formulate dalla teoria quantistica, le leggi naturali non
conducono quindi ad una completa determinazione di
ciò che accade nello spazio e nel tempo; l'accadere
(all'interno delle frequenze determinate per mezzo
delle connessioni) è piuttosto rimesso al gioco del caso.*
—Wermer Karl Heisenberg

Capita spesso di vederlo seduto a un tavolino del bar del Corso
della Repubblica. Se ne sta lì, da solo. È completamente immerso
nel flusso del traffico e delle persone che si muove e pulsa, e allo
stesso tempo ne è al di fuori. Tra l'indice e il medio della mano
destra tiene una sigaretta. Ogni tanto porta la sigaretta alle labbra
e aspira, facendo uscire un lento vortice di fumo. Con la mano
sinistra, invece, stringe qualcosa in pugno. Se ne sta lì per ore,
intento a fissare il bicchiere d'acqua con ghiaccio che ha davanti.
Accanto a lui ci sono cinque lupi magri, affamati e feroci, che
gli ringhiano contro mostrando le loro zanne affilate e insangui-
nate, soffiandogli contro il loro fiato che sa di sangue marcio, ma
lui non ci fa caso. Li vede, li sente in tutta la loro ferocia, ma la
vista di quei lupi è come rarefatta. Piove. Una pioggia finissima,
che mostra il mondo come se ci si affacciasse a una finestra col
vetro frammentato in mille crepe, quasi sul punto di sbriciolarsi. Il
rumore della pioggia che cade sulla strada permea ogni cosa di un
fruscio continuo, leggero e eterno. Un fragore silenzioso. Accanto
a lui passano due ragazzini, un maschio e una femmina. Hanno
i capelli viola e sono vestiti da corazze di edera multicolore. Gli
passano accanto, e lui non li guarda nemmeno, ma allo stesso
tempo li sente crescere dentro; nel momento esatto in cui loro gli
passano accanto lui *diventa* quei ragazzini, in tutto il loro essere, e

quando loro passano oltre lui torna sé stesso, che fuma la sigaretta e stringe qualcosa in pugno, intento a guardare quel bicchiere di acqua con ghiaccio. È come se si fosse trasformato nel diapason del mondo, in grado di captare tutte le vibrazioni dell'universo in espansione e contrazione, tutto il crescere della vita, che si snoda e si espande in infiniti rami sfilacciati e tortuosi, come una pianta che per raggiungere il sole deve passare attraverso un pesante strato di pietre. A un certo punto è come se i suoi occhi neri diventassero ancora più neri, senza fondo. Allora lui pensa: è il momento. Avvicina il pugno al bicchiere d'acqua e apre la mano. Dentro c'è un petalo rosso. Un petalo che viene da un fiore che spunta da un oceano bruciante di carne, sangue e dolore. Un fiore che è fatto di carne, sangue e dolore, ma anche da qualcos'altro. Qualcos'altro che fa brillare un sole al suo interno e lo illumina. Lascia cadere il petalo nel bicchiere d'acqua, e negli infinitesimi di secondo prima che il petalo tocchi la superficie dell'acqua, si guarda intorno, e vede tutte le persone che camminano in fretta attorno a lui. Vede tutte quelle persone, e le vede brillare, come se anche dentro di loro ci fosse un sole che illumina e scalda. Il petalo sfiora e rompe la superficie dell'acqua, e migliaia di vene rosse iniziano a penetrare nell'acqua trasparente. Tutto si ferma. Le persone, le macchine, anche la pioggia. Allora, al posto della pioggia di goccioline d'acqua, cade un'altra pioggia, cento volte più fitta. Una pioggia di polline completamente, perfettamente bianco, che cade leggero e viene trasportato dal vento. Tutto è immobile. È come se quella pioggia bianca avesse squarciato il tempo e aperto un istante di eternità. Dopo mezzo secondo o un milione di miliardi di anni quella pioggia cessa, e il mondo torna a muoversi e pulsare e suonare incessante per le strade. Lui fa un altro tiro dalla sigaretta, cacciando fuori una ragnatela liquida di fumo azzurrognolo.

XIII: *graffi sul vetro*

I fantasmi arrivano ogni volta che cerco di scrivere. Sarebbe meglio dire che, in quelle occasioni, emergono, visto che in realtà sono sempre con me. Giornate di sole e treni in corsa possono nasconderli ma, come palazzi abbandonati nella nebbia, non aspettano altro che una leggera folata di vento per stagliarsi di nuovo contro l'orizzonte. Prendo in mano la penna, e immediatamente sento il tintinnio di un bicchiere. Viene dal divano vicino al camino. Mi giro, e anche se non vedo altro che il luccicare di un coltello nel buio, so chi ho di fronte. Cerco di non pensarci e di continuare a fissare il foglio e tenere stretta la mia penna, ma quando una voce di donna mi chiama per nome ogni mio tentativo si sbriciola nelle sabbie mobili del fallimento. Mi giro e lei è rannicchiata sulla mensola della finestra, metà illuminata dalla luce dei lampioni e della luna, metà sciolta nel buio della stanza. Sorride e mi dice: «Tutte le donne di cui scrivi nei tuoi racconti stringono sempre uno spillo appuntito contro il petto. In ogni tua storia non fai altro che cercare di raggiungermi, senza mai riuscirci. Molti si arrabbierebbero per questo cieco inseguimento. Io ne sono lusingata.»

XIV: morte

La ragazza prese a essere scossa da convulsioni fortissime. Sembrava una marionetta strattonata da un pazzo attraverso fili sottili e invisibili. Attorno a lei c'era tanta gente, ma nessuno osava avvicinarsi. Il sole era alto, e illuminava la piazza polverosa, e la terra della piazza diventava sempre più scura, le case attorno sempre più bianche, le crepe nell'intonaco delle case sempre più profonde, e la ragazza continuava a gridare, un grido così forte da far accapponare la pelle, e a rigirarsi nel terreno, con il suo vestito tanto bianco da essere abbagliante che cominciava a macchiarsi. Poi, mentre continuava, accasciata, a rigirarsi nella terra della piazza, prese a ridere. Una risata inumana, come un'ombra nera, nella città di luce.

XV: *fine del mondo*

Le stradine di ghiaia del parco, a un certo punto, terminavano, e lasciavano il posto a una grande radura, con l'erba grigia per via del mischiarsi del nero della notte col bianco dei lampioni. La radura si interrompeva solo dove i lampioni non riuscivano a fare più luce. In quel punto l'erba semplicemente spariva, inghiottita da un muro buio. Nell'erba, dei bambini giocavano e correvano, saltellando, gridando e scoppiando in risate argentine. Io e Klaus eravamo vicini a loro, e li guardavamo giocare, ben attenti che non si spingessero troppo lontano, e che non sparissero nell'oscurità che stava oltre la bolla di luce. Guardavamo quei bambini giocare, con le loro voci tanto innocenti da distruggere le montagne, tanto inermi da spazzare via interi eserciti, tanto pure da trafiggere a morte, tanto belle da far impazzire di terrore. Chiesi a Klaus: «Dove sono tutti gli altri uomini?»; «Lontano.», rispose Klaus.

XVI: *foschia*

Era una stradina lastricata, stretta, soffocata ai lati da due file compatte di vecchie case di mattoni. Le due file erano unite, a intervalli regolari, da archi, anch'essi di mattoni, e da quegli archi pendevano delle vecchie lanterne che spargevano un alone giallognolo e appiccicoso. La stradina era tanto lunga da sembrare quella galleria infinita che si vede mettendo due specchi l'uno di fronte all'altro. Eravamo tutti ubriachi, e le ragazze avevano paura della stradina. Io e Erik, invece, la imboccammo. Eravamo curiosi di vedere dove ci avrebbe portato. Le ragazze presero a gridare e a chiamarci. Io tornai indietro da loro, ma sentii che Erik non mi stava seguendo. Mi girai e lo vidi, barcollante e con una bottiglia di vino stretta nella mano destra, proseguire lungo quella stradina. Non lo rividi mai più.

XVII: rifugiarsi

Non era spaventata. Riusciva a vedere anche nel buio più fitto. Aveva due occhi grandi, intensi e viola, e i capelli corti e lisci, a caschetto, di un bel colore azzurro pallido. Proseguiva dritta, ben attenta a non distogliere lo sguardo dal canale che scorreva accanto alla strada. Era troppo buio per vedere scorrere l'acqua del canale, ma lei riusciva a percepirla. Continuò a camminare. L'acqua prese a diventare leggermente più chiara, fino a assumere un colore blu intenso, e più fredda, tanto che cominciarono a formarsi piccoli pezzetti di ghiaccio che galleggiavano come tanti petali. A un certo punto si fermò e scavalcò il muretto, scese lungo la collinetta e entrò nell'acqua. Non sentiva freddo. Continuò a addentrarsi nell'acqua scura, sempre più profonda, finché fu tanto alta da costringerla a immergersi e nuotare in apnea. Riemerse dopo un paio di minuti, in un punto in cui i piedi riuscivano a toccare il fondo, e camminò lentamente verso la riva. Tra le mani aveva un'orchidea, tanto bianca da spezzare di netto il buio della notte. L'acqua del canale, ora che lei aveva preso l'orchidea dal fondo, era più nera che mai. Finalmente uscì dall'acqua e si sedette sull'erba, a gambe incrociate, continuando a tenere tra le mani l'orchidea, proteggendola dal vento che soffiava senza però stringerla troppo forte.

XVIII: ultimo telegramma

Tutto si frantuma tutto esplode in mille pezzi che si dissolvono nel nulla rimane solo una casa di cemento in mezzo a ammassi di macerie una piccola casa di cemento dentro c'è una ragazza dai capelli scuri la stanza è vuota ci sono solo i calcinacci che cadono e il suono delle esplosioni che si avvicina e la ragazza ha un computer e la ragazza ha scritto tante pagine in maniera sempre più febbrile ma ora che le esplosioni sono sempre più vicine ora che mancano pochi secondi al momento in cui esploderà anche quella casa anche l'ultima casa rimasta nella città e il nulla regnerà sovrano ora che si è così vicini alla fine l'unica cosa che riesce a scrivere mentre i suoi occhi sgranati e lacrimanti sono incollati allo schermo e le sue dita picchiano sui tasti a velocità forsennata per scrivere il più possibile anche una lettera in più prima del crollo l'unica cosa che riesce a scrivere è non dimenticate non dimenticate non dimenticate non dimenticate non dimenticate non dimenticate non diment

TRAVELLING

Aarhus

The lights of the river
Like sharp and famished bits of glass
Led to wooden rooms
With tables, red-leather sofas
Voices and chipped glasses
In which I was mirrored
Refracted
Shattered
As the day
Dried
In a thick lump of red
And savage paint.

We left those lights behind
Only when they glittered
Slaked and pitiless,
And from far away looked like stars.
We were going toward the chill
And in the darkness
You told me about your darkness.
Waiting for a gleam
That would let us turn our backs on night
We watched the trees and the bridge:
The houses snarled,
Tumbledown and black.

The color of the sky faded in the end.
Only then did we return to the river,
Ghosts of the night before.
The pointed churches and red bricks
Were still there
Unaware
Of the grazing, abrasive wind.
Another night had gone by
And we the survivors embraced
On the steps, sheltered from water
But soaked by the cold and the morning frost

Among oddballs who lay there laughing.

It Was Worth It

At a certain point the street ended in a small garden, and they were all there, stretched out, perched or seated on benches of blackened marble, half-hidden by the night among lofty trees swollen larger with darkness, amid their green-brown leaves that slowly rippled. You found them there and went to meet them, embracing today's guest of honor, taking a can from the stack or accepting a half-empty bottle they handed on to you. Looking at the dog held by a solitary bum with empty bottles around him, like the incense sticks that circle a meditating monk. You found them all there, and you went up to the one who was by himself kicking a football against a wall, and he greeted you with a laugh as the pollen kept falling like springtime snow, piling up in white bands on the cobblestones and grass, and it was the only thing that shone in the night, much more than those yellowish lamps that did no more than stain the darkness, and all you had to do was come near those piles of pollen to raise white clouds, as frantic and silent as cherry-blossoms blown by a cruel wind or hollow styrofoam shells knocked about at zero gravity, and those minute white flakes swirled madly till they rose into the sky again and blended with the other flakes that were coming down. It was worth it to let yourself be swept along to that place, to hug people who smelled of prosecco because somebody had dropped a bottle. It was worth it to see somebody cover his nose to shield himself from that relentless snow of pollen. It was worth it to let the night simply drift, to let the hours trickle toward nothingness, making space for an absolute void. It was worth it to wonder where we were in the city and to feel as if we must be at the center of an endless labyrinth, silent and unknowable. It was worth it to peer at a bit of the real within the unreal, amid the uproar of laughs and shouts and the murmurs you managed to hear, to which you could find an answer though you never understood them completely. It was worth it to be so far from evening and at the same time so far from dawn, so far from everything and everyone that the seconds seemed to be expanding into hours, days, months, years, centuries, eras of geology.

Lady of Shadows

Hail Lady of Shadows.

Please stay seated

As you look at the purple sky.

Take a scuffed-up

Glass,

Fill it with water

And focus your eyes

Straight on the sun.

Dharma Vagabonds

After days

Of constant roaming on horseback

Through mountains, through deserts of dust and stone,

One night

In the spring

For a moment

He stopped to look:

Among the mountains,

Seated before a statue

Carved into the rock,

A man dressed in rags.

The Road Is Still Long

Glass

Flows frozen

Plummets from the cliffs

Dissolving into foam:

Gasps

That make earth

Tremble.

The old man

Sat beside the waterfall

With closed eyes.

It took me a while to understand:

He too

Was made of glass.

You could see through him

All the way to the distant woods

Untouched by the dawn of time

Hidden by a gleaming

Mirror of green.

IN VIAGGIO

Aarhus

Le luci del fiume
Come pezzi di vetro affilati e famelici
Portavano in stanzoni di legno
A tavoli, divani in pelle rossa
Voci e bicchieri scheggiati
In cui io mi specchiavo
Rifrangevo
Frantumavo
Mentre il giorno si
Seccava
In un denso grumo di vernice
Rossa e violenta.

Lasciavamo quelle luci
Solo quando scintillavano
Spietate, dissetate,
E da lontano sembravano stelle.
Andavamo verso il gelo
E nel buio
Tu mi raccontavi del tuo buio.
In attesa di una scintilla
Che ci facesse buttare la notte alle spalle
Guardavamo gli alberi e il ponte:
Le case, nere e diroccate,
Ringhiavano.

Il colore del cielo alla fine diluiva.

Solo allora tornavamo al fiume,

Fantasmi della notte passata.

Le chiese acuminate e i mattoni rossi

Erano ancora lì

Ignari

Del vento che sfiorava e consumava.

Un'altra notte era passata

E noi, sopravvissuti, ci abbracciavamo

Sulle scale a ridosso dell'acqua,

Zuppi di freddo e di brina del mattino

Tra sagome accasciate che ridevano.

Valeva la pena

A un certo punto la strada finiva in un giardinetto, e erano tutti là, stesi, appollaiati, seduti su panchine di marmo annerito, seminascosti dalla notte, tra gli alberi alti, grandi e gonfi di buio, tra quelle foglie verde bruno che lentamente ondeggiavano. Li trovavi lì, e andavi verso di loro, e abbracciavi il festeggiato di turno, prendendo una lattina tra le tante o accettando una bottiglia mezza vuota che ti passavano. Guardando il cane che veniva tenuto da un barbone solitario, con delle bottiglie vuote intorno a lui come delle stecche d'incenso stanno attorno al monaco mentre medita. Li trovavi tutti lì, e ti avvicinavi a quello che calciava un pallone, da solo, contro un muro, che ti salutava con una risata, mentre il polline continuava a cadere come neve di primavera, ammucchiandosi in strisce bianche sull'acciottolato e l'erba, ed era l'unica cosa che brillava nella notte, molto di più di quei lampioni giallognoli che non facevano altro che macchiare il buio, e bastava solo passare vicino a quei mucchi di polline per sollevare delle nuvole bianche silenziose e frenetiche simili a fiori di ciliegio spazzati da un vento crudele o a gusci vuoti di polistirolo calciati in assenza di gravità, e quei minuscoli fiocchi bianchi turbinavano impazziti fino a risalire in cielo e mischiarsi agli altri fiocchi che scendevano. Valeva la pena lasciarsi trascinare lì e abbracciare persone che odoravano di prosecco perché qualcuno aveva fatto cadere una bottiglia. Valeva la pena vedere qualcuno coprirsi il naso per proteggersi da quella neve implacabile di polline. Valeva la pena lasciare semplicemente che la notte andasse alla deriva, che le ore sgocciolassero lente verso il nulla, lasciando spazio al vuoto più assoluto. Valeva la pena chiedersi in che punto della città fossimo e sentirsi come al centro di un labirinto sterminato, silenzioso e imperscrutabile. Valeva la pena sbirciare un po'di realtà nell'irrealtà, tra risate e urla e schiamazzi e mormorii che riuscivi a sentire, a cui riuscivi a trovare una risposta ma che non capivi mai fino in fondo. Valeva la pena essere così distanti dalla sera e allo stesso tempo così distanti dall'alba, così distanti da tutto e tutti da farti sembrare che i secondi si fossero dilatati tanto da diventare ore, giorni, mesi, anni, secoli, ere geologiche.

Donna delle Ombre

Salve Donna delle Ombre.

Resta pure seduta

A guardare il cielo viola.

Prendi un bicchiere

Ammaccato,

Riempilo d'acqua

E fissa il sole

Dritto negli occhi.

Vagabondi del Dharma

Dopo giorni

Di perenne corsa a cavallo

Per montagne e deserti di polvere e pietra,

Una notte

Di primavera

Per un momento

Si fermò a guardare:

Tra i monti, seduto di fronte

A una statua

Scolpita nella roccia,

Un uomo vestito di stracci.

La strada è ancora lunga

Vetro

Scorre gelido

Precipita dalle scogliere

Dissolvendosi in schiuma:

Respiri

Che fanno

Tremare

La terra.

Il vecchio

Seduto accanto alla cascata

Aveva gli occhi chiusi.

Ci misi un po' per capire:

Anche lui

Era fatto di vetro.

Potevi vedergli attraverso

Fino ai boschi in lontananza

Inviolati dall'alba del tempo

Nascosti da uno specchio

Verde brillante.

HAIKU

In the smiles
Of girls under the sun
Winter dies.

•

Black flocks
Against a red sky:
The swallows migrate.

•

Cut flowers—
The water in the glass
Tinged with red.

•

Waking up late—
The sound of rain
On the windowsill.

•

Leaves shine
For a moment, then
Rain and cold shadows.

•

Children's red slides
Among the pines
Under the rain.

•

Vermillion leaves:
Squares and stone fountains
As if drowned.

I place the pawns
On the chessboard—
Drizzling rain.

•

Autumn wind
And forest surround
Tea and fire: house.

•

Scorching iron—
A black butterfly
Emerges from the flesh.

•

From the station
Mountains, forests
And the bite of wind.

•

Stars tremble.
The night is cold, up here—
I smoke on the porch.

•

Red scarf
Left behind in vacant fields—
Snow.

•

Mountains—
Clouds smother the woods.
It's time to go.

That's all we do:
Paint the darkness
With bright colors.

•

Among the drunks
At night along the canal
A bronze Buddha.

HAIKU

Nei sorrisi
Di ragazze sotto il sole
L'inverno muore.

•

Stormi neri
Contro il cielo rosso:
Le rondini migrano.

•

Fiori recisi –
L'acqua dentro al bicchiere
Tinta di rosso.

•

Svegliarsi tardi –
Rumore della pioggia
Sul davanzale.

•

Foglie brillano
Per un momento, dopo
Pioggia e ombre fredde

•

Scivoli rossi
Tra gli alberi di pino
Sotto la pioggia.

•

Foglie vermiglie:
Piazze e fontane in pietra
Come annegati.

Nella scacchiera
Dispongo le pedine –
Gocciola pioggia.

•

Vento e foresta
D'autunno circondano
Tè e fuoco: casa.

•

Ferro rovente –
Emerge dalla carne
Nera farfalla.

•

Dalla stazione
Montagne, foreste
E il morso del vento.

•

Stelle tremano.
Fredda la notte, quassù –
Fumo in veranda.

•

Sciarpa rossa
Abbandonata su campi di nulla –
Neve.

•

Montagne –
Nuvole soffocano i boschi.
È ora di andare.

Non facciamo altro:
Dipingere il buio
Con colori accesi.

•

Tra ubriachi
Lungo il canale, di notte,
Un Buddha di bronzo.

STORIES

Help!

If I had seen myself like this just four or five weeks ago I wouldn't have believed it. Yet here I am, in a three-room apartment without even a stick of furniture. Granted, there's a parquet floor. This is one of the buildings constructed just before the market crashed. One of those buildings meant to be lived in by rich people holding a Martini and talking about the right way to slice a pig's ass, and who snort two or three lines of coke later on when they go to the bathroom, sneakily but suavely. Then everything got fucked up, the parquet floor started bucking strangely like the dunes of the Sahara, and the building became a rat-hole for derelicts without a penny like me.

As I was saying. There's a parquet floor, and there's a lumpy mattress in the middle of the room, but nothing else. I swear. Really nothing. Not even a stick of furniture. The fact is I moved here just a couple of months ago, with hardly enough money to get by the first week. When I came in here and set down my big, worn-out duffel bag, I thought: "So this how Carlo D'Eramo got started." Right... I imagined that a short time later I would be living in a luxury loft, surrounded by hot pussies who could hardly wait to fuck with Carlo D'Eramo, the great literary genius. The guy out of nowhere who was selling millions of copies and whose book was displayed up front in the windows of all the bookstores in the world, with a cover designed by a great illustrator and my photo on the back, posing with the look of someone who's already seen it all, from the height of his twenty years of age.

I thought I would become a great writer. I saw myself publishing one book after another, and turning into the new Hemingway. At first it didn't go so badly. When I found a job as a waiter in a lousy bar a few steps from home, only three days after my arrival,

I was truly as happy as a clam. As I walked it seemed my feet were floating two inches above the ground, I was flying so high. It's a sign, I told myself. It's a sign. Once I've won the Nobel, when I find myself before all those damn Swedish communists, I'll say that D'Eramo, the genius honored with the Nobel Prize for Literature, got his start waiting tables in a squalid bar, and then they'll all smile in amazement and veneration, showering me with applause. I swear, I felt the world was my oyster.

And now I'm here, on the bed of my one-room apartment. Next to me are seven bottles of beer that I intend to empty methodically, one after the other—and it's only six o'clock, Jesus Christ—and a typewriter I haven't used for so long I'm afraid it may have rusted. And on the bed, for company I don't have a blonde with big tits and blue eyes who can hardly wait to make me scream with pleasure, but a package of twenty Lucky Strikes bought this morning that's getting thinner at an alarming speed, as I suck smoke from one after the other, unable to stop. The trouble is I really don't have anything else to do, and when you're left with idle hands and you've already jacked off too many times, all you can do after that is smoke like a fucking chimney.

I can't write anymore. That's the truth. I can't get a damn thing on paper. Every time I try it, after the first three lines I give up. All the words that come to me are stupid, already repeated a billion times, stolen from pages I've read before, without a shred of originality. Earlier, when I had an idea in mind, I used to knuckle down and every word that came seemed like the loveliest in the world, I swear.

Probably I knew deep down that I would never become a great writer. But I couldn't shake off my secret desire for greatness. Only now do I understand how senseless all that pathetic bullshit of mine really was. How many others have believed like myself that they were great new artists, and then turned out to be just kids dreaming of a bohemian life in the big city? Far too many, perhaps. That's why self-publishing thrives. Too bad I didn't have a red cent to pay the fees.

I open another bottle and start drinking. I really fucked up when I bought all this beer. I don't have enough dough. My job hardly pays anything, and I've only got enough money to eat a sandwich twice a day in a nearby pub, and like a dickhead I've spent the paycheck that should last me for a week on beer and cigarettes. But maybe it's better that way.

I'm a total asshole. I only got to know a few people here, but now I don't feel like seeing them at all. They're not a bad lot. In fact, at first I had a great time with them. But now the very thought of going to see one of those guys at their place and trying to sound brilliant and getting drunk with them gives me a belly ache. I leave this fucking apartment only to go to work, in that goddam bar that I used to think of as the classic American dive… good God, can you believe it? You can tell I've read too many books by Bukowski. There's nothing American about the place where I work. Or better, the place where I don't work. The bar gets by on six or seven regular customers, who sit down at the tables when it opens and don't leave until it closes. One of them is a drunk who stinks so much he would make the worst bum in the world throw up. He knocks back one glass after another, and only stops now and then to mumble something incomprehensible for ten seconds or so. Four of them are wizened old men who sit together at one of the tables, smoking, drinking, and playing cards. They speak in a heavy dialect, but to put it better, they don't speak. They only come up with comments every now and then on the cards being dealt, and when one of them talks his face, which just seemed old at first, breaks into a cluster of folds of furrowed skin. His toothless mouth only emits a guttural sound corroded by smoke, while the others respond with a grunt.

The last patron is a guy with a beer belly as big as the Coliseum. He sits down at a table and takes out a book. He stays there for hours and hours, reading and drinking. The only thing I don't understand is how he can go on reading after the fourteenth beer. It's practically impossible, but he keeps it up. You would take him for a university professor if his shirt weren't stained with meat sauce, and if he didn't have such dirty, greasy, unkempt hair, with a bald spot as big as the crater of a meteorite.

Anyway, I think I'm really getting off track. As I was saying, that's how I spend my mornings, serving drinks to those people, while the owner sits with the old guys who're playing cards, exchanging guttural coded messages with them and drinking like a fish. Then I go home, and the only thing I'm able to do is smoke one cigarette after another and think that I absolutely must write something, even though I can't manage to put a single sentence together.

I open another bottle—incredible, I've already finished another one—and tell myself that there was a time when I wasn't like this... There was a time when I was full of energy... Where have they gone, those evenings I spent with my friends, when we emptied one bottle of wine after another and talked about bullshit, pretending that it meant something to us and posing as great decadent thinkers? They're gone. Along with the city I left behind. But in fact that was the city that made me run off in search of adventure. A provincial town in the South. I was born and raised there, and until I was eighteen everything seemed ideal. Piazza Rossetti lit up by the streetlamps at night was better than the Eiffel Tower. And my friends and I, the only people still up at four in the morning, weren't just a quartet of friends. We were the kings of the world. The lords of the night. Fighting side by side, ready to depart for unknown lands.

Then as time went on, everything started to get fucked up. Bit by bit, I became aware of how all the days were just the same. How I always saw the same people, and said the same things in the same places. How my friends and I, in reality, were stupid, arrogant, and mediocre. I felt as though that town were gripping me tighter and tighter, until it became a noose that took my breath away. The last months I spent there I was unable to sleep at night, and kept repeating to myself "my god... I've got to get out of here... I've got to get the hell out of here." That's the reason for my trip. And now all the expectations that the future offered have shipwrecked in an empty room, in bottles of beer and packs of cigarettes. Where are you, Carlo D'Eramo? What happened to that mad spark you had in your eyes?

Maybe it's better that way. There are so many assholes who keep believing all their lives that they're geniuses. At least I discovered in the end that I was a fraud. Probably it's because I've always read tons of great books. While I was reading, page after page, I felt something behind the words of those great writers... something... I don't quite know how to describe it. An extraordinary energy. An electric current that bowled me over and impelled me to go forward, line after line, hour after hour, until the night had melted and the book was finished. Maybe it's really because I've always had the luck of reading books by great writers. That was enough. It took a lot of time, but in the end I understood I didn't have that kind of energy behind my words. It's a matter of talent, and either you have it or you don't. And I don't have it. But is this truly better? Those who all their lives believe they're artists and blame the publishing houses—aren't they happier?

Oh well, no use thinking about that. I knock back what's left of the beer and open another one. Might as well go the whole hog, after all is said and done. If this is the way it's got to end up, so be it. Another dickhead in the school of hard knocks. Another so-called genius who sees his dreams come tumbling down, like a pretty house of cards on a table rocked by an earthquake. Then so be it.

An anti-theft alarm goes off in the street. And it's not even nightfall. This city is disgusting... and at a certain point, while

I'm hearing that sound, I start looking at my room, and suddenly it's as though everything made sense... the parquet, the beers emptied one by one... the cigarette butts... the city, enormous, all around me—everything is exactly in its place—like a fucking hyper-realist picture. I feel transfixed. And right away my brain starts working frenetically like a crazed moray eel. I jump out of bed and grab the typewriter I'd set aside for so long in a corner of the room. I put one of my last sheets of paper into it and start tapping on the keys, and all of a sudden the words pour out of me like a river in full flood. One of those rivers that overflow their banks and burst the dams to smithereens. And each word was exactly what I wanted to write. And as I reread on the sly the sentences I've written, tapping the keys feverishly all the while, I feel that fire, that electricity, that energy. What a genius you are, Carlo D'Eramo... this stuff is Hemingway, Roth, Salinger, Fante... fuck, it's a million times better than all the authors you've read up till now put together. There's the stamp of greatness on all this. Keep going. Keep going, and don't think about the gusts of wind, the rain, the thunder that rumbles faraway and heralds a storm. Keep typing. Keep typing in spite of everything. Life is a tiger that wants to tear you to pieces, but don't act like the others. Don't run away from it. Don't look for a way to save your skin for another couple of hours. Run to meet it. Maybe you won't survive for long, maybe you'll get hurt, but at least you'll have the chance to look it in the eyes, even if only for an instant.

I go on writing like a madman for two hours, and when I've finished I lay the sheets of paper on my bed and open the last beer I've got left, while the sun is setting between the tops of the buildings, and suddenly I realize that I'm smiling. One of those good smiles with thirty-two teeth, and I'm overcome by the awareness that in the end I will triumph. That I will climb out of all this shit. That at the end of the tunnel, this whole fucking city will be at my feet.

Year Zero

At a certain point, the farms with the apple orchards gave way to bare hills without even a tree, with nothing more than blades of grass, bright green and still glistening after the just-fallen rain. Then the hills gradually dipped down and the green of the grass got duller and duller, until there weren't any hills anymore, just dunes where the dry, yellowish grass blended with the sand. The boy and the girl walked slowly through those dunes, as their shoes sank somewhat into the sand. The muffled roar of the wind resounded in their ears. They continued beyond the dunes until they arrived at the beach itself, a slender tongue of fine white sand. The boy dropped his backpack on the ground, and took out two big towels, one purple and one blue. Then, fighting with the wind that made them flap as if they were flags, he spread them on the sand, the purple one and then the blue one. As soon as the purple towel was stretched on the ground, the girl hurried over and lay on top, as though she were afraid it would be blown away by the wind if she didn't act promptly. With a certain deliberation, the boy lay down on the blue towel. The sky was gray, so overcast it didn't show even a single brighter spot where the sun might have been. The sea was rough, with high waves that shattered in white foam and came up to beat the sand with a deafening roar, and it was the same color as the sky. It almost seemed like a sea of mercury instead of water.

Apart from the two young people, the beach was deserted.

"I'm happy to be here. I like this beach a lot. The other time I came it was all about the same. To be honest, not exactly the same. I'm fairly sure the wind was blowing in another direction, and that the sea was slightly less rough. Anyway, the clouds were about the same as now. If I really want to be precise, I have to admit that because of the wind a bunch of sand got into my eyes and hair, and a lot of time went by before I managed to get rid of it all. Still, I don't think the sand is blowing into my face today, or that it will anytime soon. It probably depends on what direction the wind blows," said the girl. She spoke without removing her gaze from the choppy sea, in a cheerful voice; but it was also a monotone that didn't betray any change of intonation or rhythm. She was trying to pronounce each word with precision, and proceeded with a certain slowness. It was as if she were consulting a kind of mental glossary that would inform her unfailingly of the exact meaning of the word she intended to use. The boy—who was, incidentally, her elder brother—was also looking at the sea, but not as unswervingly. His gaze wandered as well to the whitish seagulls that fluttered over the water, then strayed to glance distractedly at the sand. Above all he watched his sister out of the corner of his eye, trying to catch any possible variation in her expression, even if it were almost imperceptible.

"When were you here?" her brother asked, half-smiling.

"A month ago. Dr. Bianchi, Dr. Di Luca, Nurse Palucci, and Nurse Galante accompanied us here. The bus trip didn't present any events out of the ordinary, and the road was rather steep and punctuated by uncomfortable hairpin curves. It was nice for me to observe as soon as we arrived that we weren't confronted with a sunny day. As you know all too well, the sun doesn't bring me any joy. On the contrary, it tires me and saddens me quite a bit. On the beach we took it easy. We chatted and smoked a few cigarettes, and some even played a little football match. There were no serious incidents on the whole, except that Antonio pulled down his pants and underwear and ran toward us girls, provoking our furious remarks and screams of disgust. Then there was Domenico, who went into a kind of hysterical fit because of the sand and had to sit on a plastic chair on top of a rather wide towel, and who never got up, so the nurses had to bring him back by carrying the chair (it's lucky that Domenico weighs only thirty-nine kilos, otherwise moving him to the bus would have caused a certain difficulty). Assunta went off on the sly to smoke some cigarettes she'd swiped from another patient, Mario (cigarettes that to tell the truth she's not allowed to have because of her age, ninety-four, and her serious heart problems). Besides that, nothing unpleasant went on, even if to be frank Anna Romano and Matteo Brighi went off into the dunes for a good quarter of an hour, to do what I don't exactly know, even if I think it's easy to guess, and with a certain effort, to imagine."

When his sister stopped talking, the boy burst into laughter. "Good for them," he said, "good for them if they had some fun."

"I'm so pleased to hear you laugh, brother. Your laugh has the sound of a bell in a Buddhist monastery in the mountains, that rings while a boy and girl in the village at the foot of the mountain kiss each other covertly under the heavy rain of spring. Anyway, I don't think that the doctors and nurses see things the way you do, as far as having fun is concerned. They're even rather opposed to it, especially considering the possibility that the fun could lead to one of those unpleasant inconveniences caused first by a swelling of the female uterus and then by a considerable expansion of the…"

"All right, all right," her brother interrupted her, "you're right. But what about the old lady? I mean, she's over ninety years old. I'd say they could grant her a few cigarettes. What do you think?" He made an effort to keep a cheerful tone of voice, even if he wasn't able to hide a certain detachment and fatigue in his speech. His laughter also sounded forced, and his attempt to correct all that, to introduce more spontaneity into his voice, only had the result of making things worse.

"As far as that's concerned I agree with you, especially since I don't share the theory commonly accepted nowadays that living as long as possible is best for you. In other words, lately we've been told about twice a month that cigarettes kill so and so many millions of people each year. However, we're never told how many millions are killed by exhausting work, high blood pressure, a sense of guilt, long lines at the bank, an unfaithful spouse, an empty life, tiredness or old age. Dying because of cigarettes, in other words, according to my humble opinion, is just one more way to die, among the many others that exist. At the end of the day, I don't believe that dying because of a cigarette is very different from dying because you're run over by a car. In any case, death doesn't spare anyone, and if someone doesn't die because of a cigarette, he will die because of something else. So what's the point? Is living as long as possible something good in itself?"

"I don't know, sis. You're becoming pretty philosophical."

"Right. It's probably because when I don't have anything to do and ugly thoughts start running through my mind, I've developed the habit of smoking a cigarette. It calms me down and dismisses the unwelcome thoughts. Maybe the tar, tobacco, and nicotine will take away a few years of my life, but if smoking can chase the ugly thoughts from my mind, my life expectancy, despite the tobacco, would be improved in a certain sense. Don't you think?"

Her brother didn't reply, and now he looked uneasily at the sand dunes. The wind had died down somewhat.

His sister, as if realizing she'd said something off the mark, went on hastily: "The last time we were here, at a certain point it started to rain, and we left at a rather brisk pace. We took cover in a nearby cafe, a stone's throw from the oceanfront. We went inside and there were big windows and outside it was raining, and the rain-drops were big and heavy and dripped down those large windowpanes. Soon there were lots of lightning-strokes. Most of the others went and sat down together. But I kept to myself beside one of those big windows, and drank a boiling-hot cup of tea. I kept staring at that cup of tea and lifting it every twenty seconds, and the tea was good and hot. When I drank I closed my eyes, and when I set the cup down on the table again I stared at it once more. It was very amusing. I only looked at that cup, and even though I didn't look at the storm and those raindrops dripping down the window, in a certain sense I *saw* those things, I *knew* those things were happening outside that café…" Her voice had now picked up some speed, and she pronounced her words less carefully, with spontaneity. It was as if someone during a day of work at the office, caught up in a struggle with intolerably complex files, had torn her gaze away from the papers for a second and looked out the window, seeing the city at sunset, with a gentle spring rain that slightly veiled the red sun and a flock of swallows that streaked over the roofs, heedless of all that.

"Why on earth did you go sit by yourself? Had you argued with the others?" her brother asked—though if he had felt a bit better, a little less distracted, he would have realized that his sister was happy with that memory, and that this was exactly the kind of question he shouldn't ask. All of a sudden she stopped speaking: she was open-mouthed and somewhat wide-eyed.

"Monica?" her brother said, looking at the girl, now aware that he'd let something important elude him, that he'd made a mistake.

"You're talking like Mom now," she murmured. Her voice had changed again. She had lost the measured and cadenced tone, as of a dictionary; nor was she dreamy and spontaneous as when she'd started speaking of the storm and the cup of tea. Now her voice had become deep and gravelly, almost gruff, and it made the listener feel like a man who wakes up with a start because someone has scraped sandpaper against his face. Yet behind that gruffness, if you paid attention, you could perceive something else, as if behind that graphite wall a razor-blade was hidden, which only awaited a small change of balance to slice its way through.

"I don't talk like Mom, sis. As you know. I love you, and if I've said something wrong please forgive me…"

The apology made her feel somewhat better. Her face relaxed a bit, and she fell silent. When she spoke again, her voice was that of a seven-year old child who finds herself giving a course on endocrinology before hundreds of doctors. She said: "I don't like it when you talk to me as though I were a little girl. I don't like it. I hadn't argued with anyone, Paolo, though it's no business of yours. I only wanted to drink a cup of tea in peace."

"OK, OK. Forgive me. You're right. There's nothing wrong with wanting to be left in peace."

"I like drinking tea by myself."

"All right, you're right."

"I didn't argue with anybody."

"I'm glad."

"Are you humoring me? Are you agreeing with me to calm me down?"

"No, Monica. I'm not humoring you. I'm agreeing with you because I think you're right," the brother said. Probably the girl found enough sincerity in his reply, because this made her fall silent for a while. Both of them stared at the sea for ten minutes or more, until in a low, quiet voice she remarked: "Tell me how it's going with you, Paolo."

Very glad his sister had spoken again, he started talking immediately: "There's not much to say... the day before yesterday I had a really hard exam, and then that night I went out with some friends to celebrate. I don't need to tell you that the day after, all I could do was lie in bed like a corpse and vomit in the bathroom."

"You had been drinking," she said, strangely incapable of recognizing rhetorical phrases when they were pronounced by someone else.

"Right. But this morning I felt better, and it was a pleasure to travel here. Taking the train is soothing to me, you know."

"How is Bianca?"

"Oh, she's fine. She took the exam, too, only a little earlier than I did. She went home to see her parents this weekend. In a while I'll go join her."

"You'll meet her parents?"

"I've already met them."

"You've already met them," his sister repeated, apparently with no particular motive. After a few seconds she said: "I hope I didn't interrupt anything, or pester you when you had exams..."

"No, don't worry. I've finished them all, so I can rest for a couple of weeks and then classes will begin again. You really didn't interrupt anything. All my friends have left, and anyway... it's always a pleasure to see you again, you know. You wouldn't bother me even if you knocked on my door at four in the morning the night before my last final."

She smiled, and said: "I'm glad you told me that. I'm very glad to see you, too. It's been a long time since we've done something together, and even if we write each other often and your letters are lovely, in all frankness I have to admit that even though your handwriting is good and the things you say are interesting and amusing, reading you isn't exactly as satisfying as seeing you."

"The same goes for me."

"I know I could have spent my free day with Mom. But the doctors have given me this free day because I'm better, and I'm convinced that being with Mom wouldn't have done me any good. Every time I go to her house, while I'm there she moves around on tiptoe, so she can't be heard. She speaks to me in a low voice, asking me things like: 'How are you? Are you tired? Do you want a cup of tea?'... as though too loud a tone of voice or authentic phrases might hurt me physically. I'm not four years old. And I'm not stupid. I understand exactly what's going on. Ever since the thing with the squares happened, I've decided that I'll never, never spend another free day with her. At least until I'm better enough not to give any importance to things like that."

"What's this business about the squares?"

"A few months ago I was at her house, and I was watching a nice program on television. I don't remember exactly what, but it was entertaining. Mom was more relaxed, too. She was glad to see me so calm. Then she went off to the kitchen for a moment, and I got up from the sofa, kneeled on the floor and started drawing squares on the floor with my fingers. They were squares that had triangles growing out of their sides, and all of them linked up with each other. I enjoyed doing it, and I felt perfectly calm. So calm I started humming a little song. I don't know how long I went on like this. When I enjoy doing something I lose track of time. The fact is that at a certain point, only for a moment, I raised my eyes. Mom was there, staring at me as if I were doing something horrible. It really pained me to see her looking at me like that. I hadn't done anything. I'd only drawn some imaginary squares, and she was looking at me as if I had stabbed a knife into her heart. She was sad. She was distressed. She was frightened. She was angry."

She fell silent for a while, as if she expected a response from her brother. But he didn't say a thing. He was motionless, breathing deeply with his eyes closed and his fists clenched. Since her brother hadn't said anything, she went on.

"I went to bed. I felt terrible and I started singing 'Lemon Tree' in a loud voice, because that song usually calms me down a bit. But it didn't work too well. I don't know exactly how long, but I started repeating louder and louder the word 'isolation' from the song, scratching my face till it bled. I don't know how long I did it. I know that then I got tired and I started scratching myself and screaming on the bed, and then I don't remember anything. I woke up with horrendous scratches on my face and the pillow stained with blood. It took almost a month for those scratches to go away, and they suspended my free days. This is my first free day since then."

"Did you… did you talk about it with the doctors?" Paolo's voice was very feeble, as though it came from a man on the point of dying. This time it was his sister who didn't realize that something wasn't going well. She replied in haste, with a mixture of anger and enthusiasm: "The doctors, the doctors, the doctors, the doctors. The doctors don't really listen to me. I talk and they think about how much worse I am or how serious my pathology is. I say how I feel and they think about what new type of pill they should prescribe and what other type of pill they should give me to neutralize the collateral effects of the other pills. I can't stand the doctors anymore, with their notebooks and their pills. I mean… I know that if I'm better it's thanks to those pills. I know that if I don't have so many ugly thoughts anymore and don't feel things that don't exist it's because of the meds… but I mean that's no reason for them to look at me and listen to me and see only a sick person you have to give meds to so she'll calm down. I know I'm not well. I know there's something about me that isn't right. I don't exactly understand what's wrong with me, I don't understand why people think I'm worse than a lot of others who're not committed, but I do understand that the fact I don't understand is my own problem, and part of what's wrong with me. It took me a long time to figure it out, but now I know. The fact is… it's not because there's something wrong with me that everybody has to look at me that way. I need pills to feel better. Somebody else needs alcohol to feel better. Somebody else needs food. Somebody else needs sex. Somebody else needs long walks. Everybody needs his own personal type of pill. I'm not so different from the others, but I always feel lonely. If it weren't for you, I'd feel all alone in the world. As I've said, I'm not a child. And I'm not stupid. I understand, Paolo. I understand."

"I know," her brother said, in an almost inaudible whisper.

"I understand it perfectly when somebody looks at me and only sees a sick person. I understand when Mom and the doctors look at me like I'm crazy."

"I know."

"I understand, Paolo. I understand when somebody's afraid of me."

Only then did she notice. She turned and saw that her brother had covered his face with his hands, and that he was crying. He was shaken by deep sobs, and he trembled.

"Paolo," she said. She sat there watching him cry like a baby, and didn't know what to do. "Paolo," she called out to him a little later, touching him softly with her hand. He seemed to calm down. He raised his head and quickly dried his tears. His eyes were red. He sniffled, and after another sob, he said with a tremulous voice: "Sorry, Monica."

"No, don't say you're sorry. I'm the one who's sorry. I didn't mean to make you cry."

"It wasn't because of you."

"I'm sorry, Paolo. Forgive me. I'm sorry I said all those awful things. I'm so happy to be with you here at this moment that I feel free to say everything, and I don't understand that some things make you feel sad. I'm sorry, brother. I'm so happy, and if you're sad it's my fault."

"It's not you, Monica. I'm not crying over you."

"I don't believe you."

"It's the truth."

"Why are you crying, then?"

"I'm crying," he said, after an incredibly long, deep sigh, "because I'm so tired of everything... I'm tired of the bus stops, the university, the bars, and the television… of looking at everyone and seeing only masses of cells that slowly rot and die. You know what I do almost every night, when time comes to a stop and I can't stand staying shut up in my room anymore?"

"What?"

"I go out. I wander around aimlessly in the city streets, and wish I could vanish into nothing completely, not seeing anybody and not feeling anything ever again, ever again."

"Have you talked about it with somebody?" Monica asked, striving to speak as sweetly as she could and looking at her brother with a mixture of sadness, curiosity, and circumspection.

"'Talk with somebody.' I talk *all the time*. With everybody. I talk to everybody and never say anything important, anything true… I can't bear it anymore. Sometimes I look at the rain, or the people strolling by, and I want to cry, shout, destroy everything. But that's not the worst thing."

"What could be worse than that?"

"To keep on going, sis. To pretend everything's just fine. To get up every morning and do the same old things, as if they made any sense at all."

He closed his eyes and fell silent. He felt like he'd run a ten-kilometer race up a steep slope. Aching, exhausted, but also strangely satisfied somehow, endowed with a new peace of mind. It was the first time he'd talked about this.

Monica thought for a long time about what her brother had said. Then she asked in a low voice: "Do you think I'm a mass of cells that are slowly rotting and dying?"

"No, Monica."

"What am I, then?"

"You're one of the few human beings that still remain on earth. One of the few people who're still alive, who're forced to keep going, step by step, in a dead world. That's what you are. You're one of the few reasons I have the strength to wake up in the morning, because when I see you and a few, a very few others, I understand that we're still not all dead inside."

There was another long silence, very long. Finally Monica murmured, in a thin voice: "You are too."

"What?"

"You're also one of the few human beings, and I'm glad you're with me here now. I'm glad that two of the few human beings still left on this earth are brother and sister, and that in this moment they're together on a beach. Aren't you happy about that too, brother?"

"Yes, I'm happy," Paolo replied, exhausted.

"You have to be, because right now I'm so happy. I was so keen on showing you this place."

"Because of that time you came here in the bus with the others?"

"No," she said, "because of the castle."

"What castle?"

"It's right nearby, a little further along the hills."

"I didn't know there was a castle."

"It's very ancient. And big. It's a huge building that stands in the middle of a green plain. You want to go see it? It's really just a stone's throw from here."

They stood up, Paolo packed the beach towels, and they walked on in silence. His sister strode with wide, fast steps, and he followed her. They went on for ten minutes or so, leaving the beach and dunes behind them, and returning to the heath. The sky had started darkening, and it was colder. At a certain point the girl stopped and pointed. She said to her brother: "There it is. See it?"

"Where?

"Right there! Don't you see it?"

"I don't see anything."

"But it's right there in front of you! Look!"

"Ah… yes …now I see it."

"Don't you see how big it is?"

"Yes. It's truly enormous."

"It used to be much more beautiful. Now some of the rooms are in ruins. But it's still one of the most beautiful castles in Europe."

"It certainly is."

"One day, when I get out of the Institute, we'll go live there. Inside the castle, they're waiting for us. We'll go live there—me, you, and all the other human beings who remain on this planet. There we'll never feel lonely again, and nobody will ever look at us as if we were crazy or as if they were afraid of us. And when we say something nobody will laugh in our face, but will understand us and answer us, and we will understand the other person, too. And nobody will say anything that's not true and important, ever. And the things that have moved us will still move us, and the rain will be only rain. And we'll be there. You, me, Assunta, Bianca… and nobody will ever come to bother us, and we can draw squares on the floor or smoke in peace, and remember all the beautiful things that have been and imagine all the beautiful things that will be, without anybody ever coming to bother us or tell us what pills to take. Isn't that so?"

"You're right, sis. That's right."

"I felt a drop a rain. Did you feel it, too?"

"It's starting to rain."

"Buck up, then. I'll take you to a lovely café on the oceanfront. They make wonderful cups of tea there."

It Has Just Stopped Raining

I

Sunday the 13th of April, 4:30 PM. In the bus station of Aarhus, Midjylland, Denmark, Anna Søndergaard Pedersen is sitting on a bench, waiting for Bus 112, which will take her to Borum, a little residential neighborhood a quarter hour away from the city by car.

Anna is rather short, let's say about five foot four. She has long black hair and big dark-blue eyes. Her physique is of the type that in an American detective novel of the twenties would be defined as "all curves, and all in the right places." Even so, her clothing does its utmost to hide them. But in all fairness it must be said that her clothing may be a direct consequence of the climatic situation: it's very cold, and it has just stopped raining.

Anna is wearing a pair of faded jeans, a heavy sweater of red wool, and an unbuttoned green military jacket, old and worn, that hangs down to her knees. Judging by the fact that her hands hardly stick out of the sleeves, it's decidedly too big for her.

I'm the only one waiting for the bus. In any case it's a strange time of day: It's the ideal moment to go home, anyway. I can't stand it when the bus is full of people.

I enjoyed seeing Astrid again. I especially enjoyed seeing her at Smagløs. We always used to go there, before she moved to Copenhagen. It was cold and it was raining, but fortunately we managed to sit in a cozy nook next to the stove, and so we were comfortable. Maybe I shouldn't have ordered that second beer—I feel it a bit, my head's somewhat light; and mostly because it bloats the belly—but I really wanted it. She's gotten thinner since the last time I saw her. She almost made me feel like a whale—that's the advantage of tall girls. They have long legs that make them look slimmer. I may not weigh much, but I always seem stocky. Especially with these two things up front—all I have to do is put on a dress that's a little too wide and I look like a circus tent. Astrid laughed when I told her that. She has a beautiful laugh. I've missed her laugh. She should laugh more often. She should act like that more often, and not just when we're alone together— when there are other people around, especially boys, she's always trying to act like a hip, unconventional girl, and she turns into a deadly bore. Maybe she does that in Copenhagen as well.

I was sorry to hear about that affair—she's never had good luck with boys. Even though she's so beautiful. She always picks out the biggest assholes. If something like that had happened to me—after four nights out when he treated her like a queen all of a sudden he stops calling and acts like they don't know each other, and when she asks him what's going on he puts on such a shitty condescending air and says—I didn't *know* you were *involved so much* in this affair, maybe it's better for us not to see each other anymore, I thought you were more *mature*, and instead you're acting like a *baby*—I would've wanted to slap his face, that *idiot*. All that stuff was incredible, especially since then she cried and everything. Obviously she must have felt stupid, but it's not her fault at all.

I really feel bloated. It was a mistake to drink two beers. Especially after that wild night on Friday. I've already got to go to the bathroom. It always happens like that, when I drink a bit. My bladder is smaller than a thimble, and I always have to go the bathroom. Thank goodness the bus is about to arrive. Before long I'll be home.

On Friday as well I went to the bathroom all the time. At least as far as I can remember—Nikolaj—I'm still ashamed to think about it—who knows what I drank at a certain point I don't remember anything anymore my God my stomach aches I spent all day yesterday in bed sobering up I didn't even manage to choke something down for dinner. You have to wonder why people drink if the day after you feel so bad. But I wasn't the only one. Everybody drank till they got smashed—it's because it's the last months of the last year—springtime and sunshine in the high-school classrooms. Soon we'll take the final exams and then each one will go off in his or her own direction. We all feel that strange impression. The days go by slowly and the months run through our hands like sand—something is coming our way, and it's almost here, but nobody can see it—that's why we all get drunk as skunks—I'd just like to understand what's really coming to an end. Instead, I don't have a clue—I drag myself through day after day and I don't realize that soon everything will change. For the first time I'll have to decide what to do on my own. There won't be a school anymore to go to homework to do people to see teachers to listen to—I'll have to make do on my own—find a job—for sure, I don't want to start university right away. I really don't understand people—like Trahn—who register for university the year after high school—probably it's because Trahn's parents are awfully hard on him—the old cliché of Asian parents—but maybe on the other hand it's because *he* already knows what he wants to study—I envy him. I'm still at sea. I don't know what to do in life. It's already a lot if I know what to do this summer.

Anyway, I needed this weekend. There's a sense of calm in a hangover. The mind thinks much more slowly. The drink from the day before unloads all the stress you've repressed—that's why in Denmark everybody gets drunk on Friday. We work like slaves all week and drink ourselves silly all weekend. How wonderful. Very intelligent. I didn't like my dress at all, though—cream white—that low-cut collar made my tits seem like they belonged to a chubby old woman. I felt so awkward hanging around—everybody said I looked good and Astrid screamed at me today that I'm paranoid—maybe it's true that I'm exaggerating, but yesterday I really felt a fat old monster, hanging around with all those super-cool girls who're six feet tall—all the better that by drinking like a fish I stopped feeling bad about the dress. Probably I even forgot I was wearing that dress—maybe when all is said and done, that's the reason people drink.

Fortunately I didn't make a racket when I came back home. I didn't wake her up. Mom would have had a fit if she'd seen me come back in that condition. It's strange for me to drink so much, as a matter of fact. I can already imagine what she would say—how can you come home in that condition *especially you* after all we've been through etcetera no thanks I'm not really keen on my mother seeing me drunk. She wouldn't understand—she would make a giant tragedy out of it, and in fact I can't blame her, considering what happened. I just wish sometimes she could be a little more like the parents of my friends, who don't make a big deal out of it if every now and then their daughters come back home walking like lame ostriches—it's just drinking when all is said and done, they say—it would be nice if once and a while, after drinking a bit too much, you didn't have to come back home as if you were walking on a mine field full of bear traps and dog shit, so as not make any noise.

II

Bus 112 slowly pulls up to the bus-stop. After a few seconds, the doors open. Anna gets up from the bench, enters the bus, shows her subscription card to the driver, goes down the aisle, and sits down in one of the seats at the back, next to the window. The bus starts moving, then leaves the station and rejoins the road. Throughout the trip, Anna looks out the window, with an absent-minded expression.

It comes around the bend and arrives, blue and clanging like a huge, sleepy dinosaur, then slows down and pulls to a stop in front of me, and the door opens with a hiss. I climb in and show my subscription card to the driver—big paunch, moustache, gray hair, I've seen him before—then take a seat at the back. There aren't many people, just a couple of young boys in front and some woman who stares at me from the middle seats. What the heck is she looking at?

Now it's warm—I can take off the big green jacket—I was dying of the cold, outside. I could have gone to the bar at the station, but it's full of drunks and guys playing video poker and dirty glasses and every time you go to the bathroom you have to hope you don't get typhus it's so dirty—better to catch cold. But now I'm fine. I really like this red sweater. I have to remember, now that I'm going home, to say thanks to Mom. She left it out for me on the table in the living room, neatly folded—she'd already gone out— and it's truly beautiful, really warm too. She was always knitting away there on the sofa these last months with the TV turned on, before and after dinner, and now the sweater is finished—that's how she is. She really can't stay idle a second. Even after work and dinner she isn't capable of sitting still and watching TV she's always doing something to keep herself busy—the knitting needles clinked, with her watching television and her hands moving super-fast, like a machine, and those red strings of wool that intertwined as if this were the easiest thing in the world. When I tried it all that came out was a shapeless botch-up.

Here's the supermarket—we've just left the center of the city. It won't be much further. I remember when I worked there as a cashier—what a crashing bore—always there scanning stuff on that laser—beep—the thing I hated the most was when guys put the stuff piled up in a fucking jumble and you had to—beep—find the place where the bar code was—beep. Every time somebody was nice enough to put things with the bar code turned up I smiled at them—only women did it—usually men when they do the shopping are as confused and bewildered as a child the first day of school.

One time, after my day shift at the supermarket, I got together with Astrid. Before she moved to Copenhagen—second year of high school—we went to the ARoS. I had never been but Astrid went there very often—50 Crowns a ticket—and I found out that I really liked walking around in museums. First we went to see those weird polymer sculptures by that American—Matelli—that fat monkey held down by all those skinny monkeys while one of them rips open his big belly and makes all his guts come out—or the enormous house of cards with all those empty beer cans cigarettes pieces of pizza in the middle—I liked it a lot, but not nearly as much as Kaspar Bonnen. I stayed there staring at each of his pictures for a quarter of an hour, and when Astrid had finished I hadn't even seen half of them. I didn't think looking at a picture would make me feel that way... I was practically transfixed. That picture of the Towers of Change with the totem that becomes a butterfly that becomes Einstein and that head that shoots out cubes with the door where all those people are coming in you could stand in front of that picture for hours and you'd always find something different some new meaning. That's really my cup of tea. I like those who fuse place with what's behind it and with the mind and with all the memories and impressions linked to a place and with the objects all around etcetera—all unhinged from time and space mixed all together. I also like to *read* things of that kind—Virginia Woolf—unless it becomes something exaggerated, overbuilt—Joyce—I really couldn't finish that darn Ulysses—if Joyce had concentrated a little less on being a juggler of words, if he'd stopped describing how all of us are banal and boring and all the same and petty and ordinary and had spoken a little more—as Woolf does—about how *each of us* is *unique*, and how each thing is *poetry*, he would have written a book *a hundred times* more beautiful. Right, you're really smart, huh? Write a book about it. I'm talking like those old windbags but in fact I don't understand anything at all. I do like Virginia, though. The first book of hers I read—Mrs. Dalloway—my fourteenth birthday—my father—

Mrs. Dalloway—the big green jacket—the only things I still have from my father. The books and the jacket are like extraneous alien bodies of my father in the middle of that house that doesn't do anything else but repeat my name and Mom's—Mom who knits and entwines the threads of red wool. I really must remember to thank her. It's a gorgeous sweater.

Maybe if Friday I could've gone to the party in this sweater instead of that darn dress—I was so happy when I bought it—I looked like a sack of potatoes—but the sweater wasn't finished yet in time for the party—and then all the girls would've looked at me funny. All of them dressed to kill and me in a wool sweater. I might as well have gone in bedroom slippers. It's strange to give all this importance to clothes. I must have tried on at least twenty or so dresses before choosing that cream-white horror—and all for a party—we do it more for the girls than for the boys. Boys don't give a damn how you dress. It's more of a competition among girls. And to think we should be supportive—we've got so many troubles we should help each other. But all we ever do is make life even more complicated for ourselves. After all, halfway through the party we were all so drunk that we were brain dead. What difference did it make who had what on? All that's really stupid. And I'm the stupidest one of all, for being interested in this stuff as though my *life* depended on it.

Mikkel was dressed *very badly* Friday. But then he *always* dresses very badly. He's amusing. I didn't talk to him much, though. It's really annoying that we're in two different classes and hang around with different people. We hardly ever manage to get together. Who knows why I'm always thinking about him. He's not really all that good-looking—that nose of his!—and then he dresses like a *bum*—his eyes are a little too close to each other— he was wearing *horrible* brown *hiking boots* that looked like the kind used for working in the country and feeding *pigs*. But it's so nice talking with each other. Like that time we talked about movies and he was so enthusiastic—his eyes were shining—I've never seen anybody that excited about something. Saying things off the top of your head, without giving a damn if maybe they sound weird. It was nice. And he was saying so many things—all the others are always on the lookout, and they make you feel nervous—they're always trying to make you see how *cool* they are and they all dress well and have every hair in place and they're worse than we are when it comes to grooming themselves getting all dressed up and the most ridiculous thing is when they pretend to be scroungy—you can tell from a mile off they've spent a fortune for those clothes and all on purpose to make them seem like hip, *experienced* guys—it makes me laugh. Though some of them are really handsome—for sure, if Mikkel would dress a little better he'd be a hundred times better-looking—get his hair styled—but that big nose would still be there—he's got a nice smile though! When he smiles his whole face lights up, and then you don't care a bit about his clothes or his nose. Who knows if he saw me Friday—Nikolaj—I really hope not—I'd feel ashamed as long as I live if he saw me with that idiot—I wouldn't be able to look him in the eyes anymore. Even though I couldn't help it. I was completely drunk. I don't even remember how it started, but at a certain point we were there at the table kissing each other—I get goose-bumps even thinking about it again—then he wanted to drag me to the bathroom and I didn't want to thank goodness Emma hadn't quite left yet and saw me and pulled me aside—that son of a bitch—who knows what the hell might have happened if he'd dragged me into the bathroom—I was completely drunk and I wouldn't have been able to do anything about it—a real bastard—I'm so ashamed—I really hope Mikkel didn't see us—there at the table making out with that *dickhead*—it makes my stomach turn just to think about it again. How embarrassing! I'm a real dumb-ass.

III

The bus turns right and leaves the main road. Anna presses the red button near her seat and gets off a bit later at the Borum stop, bidding a quick good-bye to the driver. She starts heading for home, but five or six seconds later she turns on her heels quickly and goes in the other direction. She continues to walk for a while, looking around her with a tranquil air. But as time goes by she walks faster and faster, and her breathing gets heavier with each step. At a certain point she starts running, with a terrified expression on her face, as if she were desperately fleeing someone—or something—that pursues her, even though there's nothing behind her. She continues running in this way until she comes to the end of the road, where the houses give way to open countryside. Then she stops all of a sudden and looks around her, as if surprised to find herself there.

Here it is. This is my stop. I press the red button—ding!—slip on the jacket first and then the shoulder bag. Here it is. The driver returns my good-bye. He has a nasal voice. Here I am in the cold again. The spring really doesn't want to come. Probably my mother will still be out when I get home—I'm in no hurry, and could even go for a walk and smoke a cigarette—why not?—I'll have to spend all the rest of the day shut up in the house studying, it's good to get a breath of air. Yes, definitely. A nice cigarette is just the mouthful of clean air that's called for.

The houses around here all look alike. All in wood, with pitched roofs, the little driveway—often, a carport for the cars—and the garden. Even inside they're the same. All with a parquet floor and bright colors, and a bunch of cute little gimcracks on the shelves and the furniture. All like that. My house is like that too. Everything all clean and tidy and gleaming and cute. Look at that guy's garden. He's made pyramids out of the hedges… tacky as all get out. Ugly to boot. What the heck are they thinking—everybody says our garden is the prettiest of all—I believe it considering the time Mom spends on it—bent over planting trimming yanking out uprooting—greenhouse and flowers and creepers and who knows how it will go this autumn she intends to make grapevines grow as well in the greenhouse—no doubt she'll already be back from shopping and now when I get home I'll find her in the garden, busy as a bee, with the gloves and the overalls she always puts on, filthy with grass and dirt. So much time goes into all that... though it's great in some ways. We make our own preserves with our fruit—we even have hens and roosters—Mom makes bread every morning—it's great, but I don't think I'd ever be able to do all those things. It's really a pile of work. That's exactly what Mom wants—a pile of work. Tomorrow, Monday, she'll get up at four in the morning. She starts washing the clothes and putting the plates and glasses from the dishwasher away and she'll bake the bread then she'll get ready in haste and at six she'll go to the clinic where she works—men women old folks children whites blacks the sick the well stethoscopes vaccines pills blocks of paper for prescriptions and those things you use to look in somebody's ears—until five or later. Then she'll come back from work, dead tired, and while I make dinner she'll sit on the sofa, drinking her three—or four glasses of wine while she looks at TV and knits something—a sweater or a scarf or who knows what—for someone—me or a nephew just born or somebody else. We'll have dinner and she'll drink another couple of glasses of wine, getting a little tipsy. We'll talk there for a while and it'll be the nicest moment, though it won't last for long, because at eight—at latest a quarter past eight—she's so exhausted in the evening that she has to go to sleep. She'll go to her bedroom, turn on the TV and drop off just like that, waking up the next day at four in the morning to go through the whole routine all over again, a day like every other day—except for the weekend, when she works in the garden for hours and cleans and tidies up and does the shopping. I don't really get it. I wouldn't even last a day living like that. But she says this is her ideal life. That's the way she is, end of story.

She's not capable of sitting still and doing nothing, just relaxing a little. She feels guilty if she's got nothing to do. She likes her routine, and the awareness she's done something worthwhile—you are what you do. She always says that—it must be because of the family she comes from—that big house—in Nordjylland, near Ålborg in that big white house the biggest in town—grandfather, heavyset and tall, with that good, simple face but also hard and authoritarian when he chooses. You can hear it in his voice. It's deep and affectionate, but now and then a tone comes out that tells you you'd better not annoy me or there'll be trouble. Maybe that's how he talked to the employees before he retired—Mom told me that his factory now belongs to a big company—he built it up all by himself—Mom told me that she hardly ever saw him. He was always working—who knows if he ever told her "I love you" or "I'm proud of you." Probably not. Probably he's like my mother. He shows her he loves her by giving her money, things, presents. He's like my mother. I've never seen them hug or anything—always true to form—obviously she turned out that way, coming from a family like that—you are what you do—it's nice that Mom does all that, but sometimes I wish she were a bit different. I wish she'd worry a little less about the house and tidying up, and that she'd ask me more often "how are you?" with a smile. Or that she'd hug me and tell me more often that she loves me. I know she loves me, but I'd like to hear her say it a little more often.

Who knows whether she's always been that way, even when she was young. Probably so, but a lot less. They say that our strong points and defects intensify with age. Maybe even then she always needed to keep busy, but still managed to relax now and then. On the bookshelves I've found heaps of books. *Hard* books—mainly French, Flaubert, Stendhal, Balzac, but also Kafka, Bernhard, Turgenev—when I asked her if those were her books, if she'd really *read* them, she looked at me and said Hey? Why are you surprised?—no doubt she was thinking "What? So you believed only your father read books?"—it's true, anyway, I did think that—when I've asked her something, wanted to talk about it, she's been very vague. Now she hardly reads anymore, aside from a few detective novels in the evening.

When she was young, she was gorgeous. Like a model. I bet she must have turned lots of people's heads. I imagine her— before she stopped smoking—at a table in a bar, sitting around with friends, with a cigarette and a glass of red wine. Dressed as in the photo I found in a drawer in her study, when she wasn't at home. It was the seventies. Everybody was dressed like a hippy. I'm sure she must have smoked a few joints as well, in her time. In that picture she's incredibly beautiful. Fewer wrinkles, a more easy-going smile. With all those people, her arm around my father.

Maybe he's really the one who gave her all those wrinkles. Who made her so tense. It was his wedding gift.

And in fact here it is—just when I was thinking of it—I was playing with flower-petals in a little bucket full of water and there was a bright-colored ball on the garden grass and the piano in the living room—here's our old house—I was always sitting on the sofa listening to Mom play the piano and outside it was raining and she seemed so beautiful and so sad and so lonely when she played—how many years ago did we move away? Six twelve eighteen. Now eighteen. Six years—the wood stove and when there was wind that storm and he came back home with the hamper full of wood and the fire blazed red and he stoked it with wood— six years. A lot of time has gone by.

That house was very different from the house where I live now. The sun had a hard time getting in there—walls and furniture in dark wood and small windows and a long hallway—and the lights weren't the overhead lights we have in the new house. Now that I think of it, we never used the lighting fixtures in the old house. The light came from lamps. Everywhere. We turned them on all over the house. Even in the kitchen. We were almost always in semi-darkness, at night. That's why almost all my memories of that house are linked in some way to the wood stove. Because in that darkness the fire had something magical about it, in the eyes of a little girl.

Our way of life there was also different. Mom didn't work so much yet. She was always with me. She shouted a lot, she was sad and on edge. As a child I couldn't understand why, but I realized something wasn't right—then as I grew older I understood. My father—comes out of the study and smiles at me, calling me by name in a low voice—my father—at times he treated me like an adult, when I talked with him. He looked me in the eyes and listened very carefully to what I was saying, responding to me seriously, thinking things over, making me feel big and important. At other times he was like a playmate. He made me laugh so much, with the funny faces and jokes he made up. Most of the time, though, my father was outside my range. I talked to him, and his answers came late, disconnected and absent-minded. His eyes were evasive, and even when I looked into them I didn't see anything behind them. A completely lost person, desperately trying to behave normally just as he's going under. He made me feel strange when he was like that. For a long time I didn't understand what I felt inside. Later on, in the last years I spent with him, I understood that I felt sorry for him. Because he was pathetic.

It's easy to remember that he wasn't always that way. It's much easier to remember the few good times with a smile—he taught me to play chess and we always played cards together—poker and five hundred—he made me understand how fine and poetic and important it is to hold the cards in your hand or move a pawn along a chessboard—those evenings were great, even if I always felt like I was under examination—a part of me admired him. I still considered him the wisest man in the world, when he explained why the castles were so important and what it meant to occupy the center of the chessboard and when he repeated for the umpteenth time that the pawns were extremely powerful if you use them well but that you run the risk of boxing yourself in if you use them *too much*, and sometimes he smiled and added: the same as with whiskey. I admired him so much, but at the same time—because deep down I *knew* there was something wrong, even before I was old enough to *understand it*—I wanted to beat him. I wanted to crush him, to humiliate him, in a blind rage, without mercy. And when he slowly demolished me at chess or beat me at cards a part of me choked with anger and I would have liked to kill him. The few times I won at cards I felt like a tiger who growls after killing her prey.

It's easy to remember the good times. It's been hard—and for so many years—to admit that those good times were very few. That most of the time my father was dead drunk, and rarely managed to put two sentences together. That by drinking so much he was killing my mother by making her sink into depression. That by drinking so much he had destroyed his marriage and his family and that he continued to drink even though he knew this would cause him to lose his wife lose his daughter lose himself. He preferred that to everything else and he's all alone with that now. Who knows what he's been doing over there in Silkeborg in the three years since I've seen him. I don't always think about it but when it happens I become—really—I hadn't thought about it for a couple of days the last time coming back from—I become— really—*sad*. A week ago the telephone rang and I was alone at home I went to answer thinking it was a colleague of Mom's or a friend calling on the house phone and instead it was him and as soon as I heard his voice my blood froze and everything started spinning and his voice sounded like it came from underground and you couldn't understand a thing he was saying and every word was completely disconnected from the next and he repeated himself non-stop he repeated himself and didn't understand what I was answering then at the end I couldn't stand it anymore I had to hang up I don't even know what I said to him and then the telephone rang again and it was the same number and I went to the kitchen and I was about to pass out I swear and the phone kept ringing for an eternity and I was weaker and weaker then finally thank God it stopped thank God it stopped and I started breathing again but then it rang again and then I ran into the living room and pulled the phone-jack out and threw it on the ground and cried for a quarter of an hour I couldn't breathe—I was twelve and looking down from the staircase while they were shouting like crazy people and she was crying and he was shouting I HATE YOU and grabbing her with one arm and knocking her against a wall and after he did it silence fell it had never happened before and he sank to the floor and started crying like a baby and my mother got up and went to the bathroom and came back after ten minutes with me still looking down from the staircase and when she came back he was still crying on the floor completely cut up and my mother saw me she saw me looking down from the stairs she saw how frightened I was then she looked at my father again and with such a hard and calm voice that I was afraid my father would be destroyed by all the rage and hate and strength and fire in that voice with such a hard voice she said now I'm packing my suitcases and I'm leaving it's over I don't want to see you ever again today I'm taking Anna and I'm leaving and I'm calling the lawyer and he kept on crying without doing anything like a child—when I was five it was hard for me to go down the stairs I was so small and I opened the door to his study and the closet was ajar there was something that gleamed I opened the closet and it was full of empty bottles

When I was bigger and they fought I started leaving home and walking along this street with the little houses all alike so pretty so tidy so neat and perfect with the pitched roofs and the little driveway and the cute garden and tidy and neat but it was a world of plastic the blades of grass were also made of plastic and the trunks of the trees it was a make-believe world and the sky was made of cardboard and the human beings were just so many little plastic toys and marionettes and I was a prisoner in this tiny plastic world I couldn't stand it anymore and I started crying and then the world stopped being plastic and became enormous and cold and dark and sinister and the little houses were becoming dark and scary caves that hid inside them hate and cruelty and violence and pettiness and wolves and monsters and I kept walking under the sky and it wasn't made of cardboard but of lead and I felt it falling and I knew that there wouldn't be anyone to pick me up and put me back together again in that world of plastic and lead where they ask you how you are and don't want anything but "well" as an answer in this world of plastic and lead where when you're there asking for help when you're there crying and shouting that this time you really *can't* make it on your own they stand there looking at you with faces of cement and with a hard expression without a soul nobody's interested in you when you're so far down they only want somebody who makes them feel happy for an evening and you're no good if you ask for help and don't have anything to give and if you're empty inside people aren't good nobody's nice to anybody no nobody's nice to anybody we're all in a struggle all in a struggle to survive in this morgue of blood lead and plastic the goodness of people is stifled at birth even my father was good but his goodness was about a game of chess or cards his goodness was about telling stories in front of the fireplace it was the goodness of a weak man and the weak have to be crushed humiliated wounded destroyed empty bottles in the closet shouting and looking from the staircase and crying on the floor

After he went to Silkeborg I went to get together with him for a couple of years but I couldn't stand it I had understood that there was nothing I could do he didn't listen he looked at me and never really *saw me* and I looked at him and didn't feel anything but pity and shame and an anger that grew and grew and grew and grew the last time I saw him when I stayed at his house and came back late from a party with friends and he was drunk and had started shouting for no reason and repeating himself repeating himself continuously repeating himself repeating himself repeating himself repeating himself and I took the glass and threw it at him and blood on his forehead and I ran away and was calling Mom come get me Mom I'm alone I'm running at night Mom come save me.

IV

Only then does she understand that she's reached the city limits of Borum, where the street ends and makes way for the open countryside. She stops and stands there for long time, panting. Though her breathing, slowly, very slowly, begins to become more regular. Earlier her face had turned as pale as a ghost's, and then red during the run; now it gradually goes back to its normal color. At that point she looked around her. The sky is cloudy, but the clouds aren't the gray, compact mass of this morning. Now there are tatters, and the sun is able to peep through. The approach of evening, melded with the rays of the sun, makes the clouds resemble an irregular mass, a mixture of gray-blue and purple, with golden splinters near the sun. Anna looks at the sky and the surrounding countryside, then pulls out a cigarette and smokes it in long drags, observing the dense, bluish smoke that comes out of her mouth. Every now and then she looks around her, like a little girl who's lost in a surprisingly pleasant place.

Heart beating tumtumtumtum—I'm not breathing—have I run?—it's over now calm down it's over—looking down from the stairs I hear the shouts—heart beats races echoes in the ears—the head reels—he was crying on the floor—breathe make the air come in breathe slowly deeply—the head is light now—all those empty bottles closet bottles—heart make the heart slow down breathe—Mom looks and sees me looking down from the stairs—it's over calm down. It has passed. It *is* the past—feel how much

I've sweated—you're safe, everything has passed—now I'm breathing well. I'm breathing well again—I didn't even realize I'd started running—the wind is a hundred times colder, now that I've sweated—the heart has slowed down. I'm breathing well—they must have thought I was a crazy girl...running like that...I hope nobody saw me—as soon as I get back home I have to take a shower and change clothes. I've sweated like at the gym. If nothing else I've burned up some calories.

I've reached the end of the street. Crazy stuff. It's really lovely here, though. I have to smoke a cigarette. Where's the lighter. Here it is. Look at the sky. It's incredible. As if it were night and day all at once—I wish I had a camera. Everything around here is green. I'm the only human being. There's only peace silence. Wind. Green. Almost all the trees are still black and dry, but the few leaves on them are bright green. And all wet with rain.

I'm calm now. Probably it's something that simply has to happen at times. I don't think about it for a while and then here it comes, back again. Probably going for a run was the best thing to do. Better than staying in my room and crying, as happened other times. Now I'm well again. I feel completely emptied. Light. I'm free. All those things are very far away. I feel as if I were flying above the earth and at the same time I feel solid, strong, with thick roots. My mind is clear once more. The trees are alive. The grass is so green it's dazzling. The world isn't small and made of plastic, or fearful and made of lead. It's enormous, and alive, and breathes. *It breathes* with ancient breaths, deep and imposing, and I hear it breathing.

Now I want to go home. I want to see Mom. Even before taking a shower and changing clothes, I want to give her a great big hug. No doubt I'll find her in the garden. I'll hug her so hard that I'll lift her off the ground. Then I'll give her a kiss and say thank you for the sweater, it's really beautiful. And it keeps you warm. Then I'll take a long, extra-hot shower, and all this horrible sweat will go away. I'll put on some comfortable clothes and make some tea. I'll get dinner ready, and then I'll start studying. I don't have a lot to do. Only that paper on the American Civil War and Manifest Destiny. It's due on Wednesday, but it's better if I start working on it already. I have to remember to call Emma and ask her what day she's going to have her birthday party. What dress should I wear? I have to think about it. I better get on top of it now, or else with this wind I'll catch pneumonia.

At that point Anna turned in her tracks and started walking towards home. Her pace was slow, and the expression on her face was peaceful again. When Jakob Kjaer, her next-door neighbor, looked out his window, all he saw was a calm lovely girl coming back from school, wearing a somewhat threadbare pair of jeans, a sweater of dark red wool, and an old green military jacket that was decidedly too big for her.

A True Story

I: the rain

It was always raining. The rain beat wildly against the roof, creating a continuous swoosh that filled every space. The rain dripped from the crack near the lighting-fixture, and was collected in a big metal bucket that we emptied periodically. The rain was a constant presence, the only contact with the external world that remained to us. All the rest was very far away. The shutters were always completely shut, so that not even a tiny ray of light could come through, and the house was lit by bulbs so strong and white they made all colors die. Without sun and without clocks, which had all been smashed, we didn't even know what day or month it was. We didn't even know whether it was day or night. All we knew was that it kept on raining, and that we were in that house.

II: the house

The house was very small. There was a kitchen, with the sink full of dirty dishes; a bathroom; a bedroom with only a worn-out camp-bed; and the living room, where there were three dirty sofas around a small glass table. That was all. We stayed in that house for months, without ever going out, spending our time mostly in the living room. Eating very little, and sleeping even less. Almost the only thing we did was talk. Adding brick after brick to the Conversation.

III: the Conversation

Even years later, it's hard to explain what the Conversation really was. It had started simply with an ordinary chat. To tell the truth, I don't even remember what the topic was, at the beginning.

Something that seemed very important. With time, though, the Conversation had started to evolve, to grow, until it became a living entity independent of ourselves, that all the same had come to dominate us almost totally. The Conversation had branched out, developed, unraveled, dissolved, to the point where our words had become just rusty junk swept along by a river in full flood. Of the five of us, I think no one at that point was still trying to demonstrate anything. I can't exactly explain why we continued to talk, unless by saying that we had completely forgotten that anything else in the world existed outside that house, that room, that Conversation. It was as if we had become musical instruments at the service of the Conversation. Our words served only to execute its dissonant, ancient melody. If every now and then a memory of something beyond that squalid house and that Conversation flashed through our minds, we found that other something utterly irrelevant. We looked each other in the eyes and broke into laughter, feeling like conspirators. We laughed at everything that was outside those closed shutters. We laughed because nothing outside had any importance. The world kept turning, but we were busy searching for something that no one else knew about. Searching in the corners of that room, in the sound of the rain, in the folds of the Conversation that resembled more and more an incomprehensible truth.

IV: Henry

Henry's eyes opened wide when he talked, and his expression was demented. Jitters constantly swept over him. He kept a gold cross in the outside pocket of his raincoat, and now and then he took it out and gripped it. Photos in black and white of all those who'd murdered him were sewn into the lining of his raincoat, and at certain times the pain that those photos caused him was so great that only by hanging on to that big cross was he able to endure it. He was always seated next to Franz, and when Franz was absent,

Henry immediately became even more bewildered and frightened—his hands trembled so much he couldn't even hold a glass of water.

V: *Franz*

Luckily for Henry, Franz wasn't often absent. He was the one among us who spoke the least, but that didn't mean he failed to keep the Conversation alive just as much as the rest of us. Franz was small, thin, and balding, with hair as black as shoe polish. He never looked anyone in the eyes, and his voice was whiny and scared. Now and then, though, Franz was transformed: at certain times, right in the middle of a sentence, he broke off and rose to his feet. When that happened one of us would intervene right away, so as not to block the flow of the Conversation, but no one took his eyes off Franz, who paced calmly around the room, measuring its spaces with long and cadenced steps. After a while (it might be a couple of minutes, but just as well a couple of hours) Franz stopped, right in the center of the room, and pointed upward with the index finger of his right hand. Then he began to move his finger in the air, as though it were a pen, and traced geometrical forms in the air, with edges of a brilliant color, electric blue. The forms he drew stayed suspended in mid-air for some time. While he went on drawing in the air, we remained seated and never stopped talking, but with our gazes fixed on Franz. When he had finished, he returned in silence to the sofa, scared and fragile as before; but while he was there, standing up, his expression was absolutely serious—concentrated and determined.

VI: *Franz and Dupont*

There was always a strange relationship between Franz and Dupont. When Franz was sitting there, he was terrified of Dupont. He sat as far away from him as possible, and looked at him with the submission of a dog looking at his master. On the other hand, when Franz rose to his feet and created those electric-blue geometries, it was Dupont who seemed scared. He didn't speak much, whispering as if he feared he might break Franz's concentration.

VII: Dupont

Dupont was pale, and the circles around his eyes were black and thick and dense and heavy and porous like a leather belt. If we slept very little, he never slept at all. He didn't eat anything, he didn't drink a drop of water. He never did anything but speak, because he was the backbone of the Conversation, and he knew it perfectly well. We were an indispensable corollary, but without him everything would have imploded. He stopped talking only now and then to take a sip of poison from the small cup he held in his hand. The poison had no color and no smell, but to hear him tell it the taste was rather bitter. After a sip, for ten seconds or so, nothing would happen. Then he would start feeling quite weak, and speak with a very feeble voice; once a few minutes had passed, he would become the same as before. Not exactly the same as before, though. A little bit paler, a bit more bruised. Maybe it was because the changes between one sip and another were minimal that we didn't realize it, but by the end of those months Dupont had aged by years and years, and was reduced to a skeleton. The Conversation and the poison had eaten him up entirely.

VIII: a sacrifice

Obviously, Dupont was not the only one who would be killed by the Conversation. We didn't realize it then, absorbed as we were in doing our part to build out of words the superfluous skyscrapers, the thousand labyrinths of dead ends; but each of us was giving his life (or a major part of it) to the cause of the Conversation.

IX: *you and me*

If you and I hadn't loved each other, probably we would have become the living dead as happened to Dupont, or else once we left that house, we would have been completely crushed by the outside world, as happened to Franz and Henry. Having each other allowed us to preserve a small piece of ourselves not yet damaged by the Conversation. In fact, now and then we got up and went from the sitting room to the bedroom.

X: *in bed*

When we were in bed together, the Conversation disappeared. We were no longer iron wires traversed by an alien current, but human beings capable of seeing and recognizing each other. In those moments only our bodies existed as they sought one another, and they were guided only by the need to feel the other's body. You offered yourself to me completely. You invited me, almost begged me, to do with your body whatever I wanted. Your legs gripped me and pushed me to enter you. To take you entirely, with no conditions. Feverishly, you guided my hands to your ass. You wanted them to grab it, to squeeze it, and while I was thrusting with my pelvis, you wanted them rocking yours as if you were a raft at the mercy of a storm. We bit. We scratched. We shouted. We forgot. Only flesh. Only possess and be possessed. Only climb, breathlessly, a mountain, then reach the summit and burn together, plummeting immediately, holding each other tight, while the whole room narrowed and expanded, and the earth and the bed collapsed, and the only thing that existed was that plunging together, and both of us screaming as though we were insane, without being able to stop.

XI: the return to the living room

Then it was over. Exhausted, panting, we pulled apart. We remained that way, naked on the bed, and suddenly we became quite distant again. One of us spoke, and what came out was clearly nothing more than a furtherance of the Conversation, taken up again where we had left off. We stayed in the bedroom a little, but all we were doing was pursuing the Conversation in another room. It almost seemed that in those moments the Conversation was developing in two different variants, strictly symmetrical to each other: the variant of the living room, and the variant of the bedroom. After a while, we got dressed again and returned to the living room. Often, when we came back, Henry turned around and looked at us with his enormous eyes bugging wide-open, as though surprised. It almost seemed that he hadn't even realized we had left, and at the same time that he had forgotten us entirely. Dupont on the other hand hardly looked at us, and then he went back to the Conversation, exactly at the point where our arrival had interrupted it. Franz was there, listening to Dupont and answering, but you could see that he was upset by our return, at least a little, and he watched us from the corner of his eye.

XII: epilogue

I didn't see you again until a couple of years after we had left that house. When Franz, Dupont, and Henry were already dead. We tried to get together once more, in that city that was so strange, made of gigantic buildings in the midst of cliffs and mountains, without a blade of grass. We tried to give each other support, hoping not to stumble along that long path we had taken, that desperate attempt to go on living after our death—brought on by the Conversation and its end—but it didn't work. I had understood by then that the only way to survive was through self-mutilation. The destruction of large parts of my being, definitively damaged by now, was all meant to salvage a miserable piece of wreckage, a bird with wasted wings still able to stagger through those expanses of merciless cement. You refused to do it. You didn't want to renounce yourself, or maybe you couldn't, because of all of us you were the only one who remained intact. The only one who could refuse to sign her act of surrender without being shattered by the blows of a world that had forgotten us, and that saw our return as the advent of alien bodies, to be smothered, stamped out, crushed. You couldn't do as I did, buckle under, submit, cripple yourself. Nor could you do as the others, falling to pieces until you vanished. You preferred to throw yourself under a moving train, on a day like any other, without leaving a note. A few days before you killed yourself, you spent the night with me, and between the two of us we tried to break each other's layers and layers of solitude, to see each other, touch each other, listen to each other again, without succeeding at anything but failure. After a while you got up from the bed, and pulled something out of the bag you had brought along. It was a big plastic flower. You set the plastic flower on the table across from the bed and pressed a button, and little blue lights inside the petals started to blink on and off. Then you came back to my side of the bed and took my hand. On the verge of tears, you invited me to look at that plastic flower. While I was looking at it, you whispered in my ear: "Isn't it beautiful?"

RACCONTI

Help!

Se mi fossi visto in questo modo giusto quattro – cinque settimane fa non ci avrei creduto. E invece eccomi qui, in un trilocale senza nemmeno un mobile. Il pavimento è di parquet. Questo posto era uno di quei palazzi nati poco prima del crollo delle borse. Una di quelle costruzioni fatte per essere abitata da gente ricca che tiene un Martini in mano e parla del modo giusto per affettare il culo del maiale e poi, quando va al cesso, in maniera furtiva ma elegante si spara nel naso due o tre strisce di coca. Poi tutto è andato in vacca, e il pavimento di parquet ha incominciato a fare strani bozzi tipo dune del deserto del Sahara, e questo posto è diventato la tana per derelitti senza un soldo come me.

Dicevo. Il pavimento è di parquet, e c'è un materasso bitorzoluto in mezzo alla stanza, e poi nient'altro. Giuro. Proprio nient'altro. Non c'è nemmeno un mobile. Il fatto è che mi sono trasferito qui giusto un paio di mesi fa, con appena abbastanza soldi per tirare a campare la prima settimana. Quando sono entrato qui dentro e ho posato a terra il borsone, ho pensato: "Quindi è così che Carlo D'Eramo ha cominciato". Già… Immaginavo che poco tempo dopo avrei abitato in un loft di lusso, circondato da strafiche che non vedevano l'ora di scopare Carlo D'Eramo, il grande genio letterario. Il tizio uscito dal nulla che vendeva milioni di copie e era in prima fila davanti alle vetrine di tutte le librerie del mondo, con un libro dalla copertina disegnata da un grande illustratore e con dietro la mia foto atteggiata in un'espressione di chi la sa lunga su tutto quanto, dall'alto dei suoi vent'anni appena compiuti.

Pensavo che sarei diventato un grande scrittore. Già mi vedevo a pubblicare un libro dopo l'altro, e a essere il nuovo Hemingway. I primi tempi non è andata tanto male. Quando ho trovato un lavoro come cameriere in un bar pidocchioso a pochi passi da casa, giusto tre giorni dopo il mio arrivo, ero veramente felice come una pasqua. Camminando, mi sembrava che i piedi si fermassero a cinque centimetri da terra, tanto mi sentivo in alto. È un segno, dicevo. È un segno. Una volta vinto il Nobel, quando mi troverò davanti a tutti quei maledetti svedesi comunisti dirò che D'Eramo, il genio insignito del nobel per la letteratura, ha iniziato facendo il cameriere in un bar squallido, e allora tutti sorrideranno stupiti e veneranti e mi tributeranno un grande applauso. Ve lo giuro, sentivo di avere il mondo in pugno.

E adesso sono qui, sul letto del mio monolocale. Accanto a me ci sono sette bottiglie di birra che ho intenzione di svuotare metodicamente una dopo l'altra – e sono solo le sei – e una macchina da scrivere che non uso da così tanto che ho paura abbia messo la ruggine. E sul letto sono in compagnia non di una bionda tettona dagli occhi blu che non vede l'ora di farmi gridare di piacere, ma di un pacchetto da venti di Lucky Strike comprato stamattina che si sta assottigliando a velocità allarmante con me che succhio fumo da una sigaretta dopo l'altra, non riuscendo a fermarmi. Il guaio è che proprio non ho nient'altro da fare, e quando te ne stai lì con le mani in mano e ti sei già fatto troppe seghe non resta che mettersi a fumare come un cazzo di turco.

Non riesco più a scrivere. È questa la verità. Non riesco proprio a buttare giù niente. Ogni volta che ci provo, dopo le prime tre righe ci rinuncio. Le parole che mi vengono sono tutte stupide, già sentite un miliardo di volte, rubate da pagine che ho già letto e senza nemmeno un briciolo di originalità. Di solito, prima, quando avevo un'idea in testa, mi mettevo sotto e ogni parola che veniva sembrava la più bella del mondo, ve lo giuro.

Probabilmente sapevo nel profondo che non sarei mai diventato un grande scrittore. Ma non riuscivo a scacciare dalla mia mente il segreto desiderio di grandezza. Solo adesso capisco come tutte quelle mie patetiche cazzate fossero senza senso. Quanti altri ce ne saranno, come me, che credevano di essere dei nuovi grandi artisti e che poi si rivelano solo dei ragazzi che sognano di fare i bohemièn nella grande città? Troppi, forse. Ecco perché l'editoria a pagamento prospera. Peccato che io non abbia nemmeno il becco di un quattrino.

Stappo un'altra bottiglia e incomincio a bere. Ho fatto davvero una stronzata a prendere tutta questa birra. Non ho abbastanza soldi. Il lavoro che faccio mi rende pochissimo, e ho denaro abbastanza solo per mangiare due volte al giorno un panino in un pub qui vicino, e come un coglione ho speso il guadagno che doveva bastarmi per una settimana in birra e sigarette. Ma forse è giusto così.

Sto proprio di merda. Le poche persone che ho conosciuto qui, adesso non ho proprio la minima voglia di vederle. Non sono cattivi diavoli. Anzi, i primi tempi mi sono divertito un sacco. E invece adesso il solo pensiero di stare a casa di uno di questi tizi e cercare di essere brillante e di ubriacarmi con loro mi fa stringere lo stomaco. Esco da questo fottuto appartamento solo per andare a lavorare, in quel dannato bar che prima mi sembrava la classica bettola americana…dio buono, ci credete? Si vede che ho letto troppi libri di Bukowski. Non c'è niente di americano nel posto dove lavoro. O meglio, il posto dove non lavoro. Il bar si regge su sei o sette clienti abituali, che si siedono ai tavolini all'orario di apertura e se ne vanno all'orario di chiusura. Uno è un ubriacone che puzza così tanto da far vomitare il barbone peggiore del mondo. Manda giù un bicchiere dopo l'altro, e si ferma solo ogni tanto per mormorare qualcosa di indecifrabile per dieci secondi. Altri quattro sono dei vecchi incartapecoriti che si siedono insieme a un tavolino a fumare, bere e giocare a carte. Parlano in dialetto strettissimo, ma sarebbe meglio dire che non parlano. Si spendono solo ogni tanto in commenti sulle carte che escono, e quando parlano la loro faccia, che prima sembrava solo vecchia, si frantuma in un sacco di grinze di pelle rugosa, e dalle loro bocche senza denti esce solo un suono gutturale corroso dal fumo, mentre gli altri rispondono con un grugnito.

L'ultimo avventore è un tizio con una pancia da birra grande quando il Colosseo. Si siede a un tavolino e tira fuori un libro. Sta lì per ore e ore, leggendo e bevendo. L'unica cosa che non capisco è come faccia a seguitare a leggere dopo la quattordicesima birra. È praticamente impossibile, ma lui va avanti. Lo scambieresti per un professore universitario, se non avesse la camicia macchiata di sugo e i capelli sporchi, unti e spettinati con una pelata grossa quanto il cratere di un meteorite.

Comunque, credo proprio di stare divagando. Dicevo, la mattina passo il mio tempo in questo modo, servendo da bere a questa gente, mentre il proprietario è seduto insieme ai vecchi che giocano a carte, scambiando con loro i suoi codici cifrati gutturali e bevendo come una spugna. Quindi torno a casa, e l'unica cosa che riesco a fare è fumare una sigaretta dopo l'altra e pensare devo assolutamente scrivere qualcosa, senza però riuscire a mettere insieme nemmeno una frase.

Stappo un'altra bottiglia – incredibile, ne ho già finita un'altra – e dico a me stesso che una volta non ero così… Una volta avevo energia dentro di me… Dove sono finite quelle serate spese con i miei amici, a svuotare una bottiglia di vino dopo l'altra e parlare di stronzate, fingendo che ce ne importasse qualcosa e atteggiandoci a grandi pensatori decadenti? Andate via. Insieme alla città che ho lasciato. Ma era stata proprio quella città a farmi scappare via in cerca dell'avventura. Quel centro di provincia del Sud. Sono nato e cresciuto lì, e fino a diciotto anni sembrava tutto perfetto. Piazza Rossetti illuminata dai lampioni di notte era meglio della Tour Eiffel. E io e i miei amici, gli unici ancora in piedi alle quattro, non eravamo solo quattro amici. Eravamo i re del mondo. I signori della notte. Combattenti fianco a fianco, pronti a partire per terre sconosciute.

Poi, invece, col tempo, tutto ha incominciato a andare a puttane. Pian piano, mi sono accorto come tutte le giornate lì fossero uguali. Come incontrassi sempre la stessa gente, e facessi sempre gli stessi discorsi, negli stessi posti. Come io e i miei amici, in realtà, fossimo stupidi, arroganti e mediocri. Mi sentivo come se quella cittadina mi si stesse stringendo addosso, sempre di più, fino a diventare un cappio che mi toglieva il respiro. Gli ultimi mesi trascorsi laggiù, di notte, non riuscivo a dormire, e continuavo a ripetermi "dio mio...devo andarmene di qui...devo andarmene di corsa". Ecco la ragione del mio viaggio. E ora tutte le aspettative che il futuro offriva sono naufragate in una stanza vuota, in bottiglie di birra e pacchetti di sigarette. Dove sei, Carlo D'Eramo? Dov'è finita quella scintilla pazza che avevi negli occhi?

Forse è meglio così. Ci sono tanti coglioni che continuano a credere per tutta la vita di essere dei geni. Almeno io alla fine ho scoperto di essere un bluff. Magari dipende dal fatto che ho sempre letto un sacco di grandi libri. Mentre leggevo, pagina dopo pagina, sentivo dietro le parole di quei grandi scrittori qualcosa...non so bene come spiegarlo...qualcosa. Un'energia straordinaria. Una corrente elettrica che mi travolgeva e mi spingeva a andare avanti, riga dopo riga, ora dopo ora, finché la notte era fonda e il libro era finito. Forse è proprio perché ho sempre avuto la fortuna di leggere libri di grandi scrittori. Bastava quello. C'è voluto parecchio, ma alla fine ho capito che dietro le mie parole quell'energia non c'era. È un fatto di talento, o ce l'hai o non ce l'hai. E io non ce l'ho. Ma è meglio davvero? Non sono più contenti quelli che per tutta la vita si credono artisti e incolpano le case editrici?

Beh, inutile pensarci. Scolo quello che è rimasto della birra e ne stappo un'altra. Meglio andare a fondo del tutto, in fin dei conti. Se deve essere così che deve finire, che finisca così. Un altro coglione bruciato dalla realtà. Un altro presunto genio che vede crollare i suoi sogni come un bellissimo castello di carte su un tavolino che trema durante un terremoto. Che sia così, allora.

Un antifurto grida per strada. E non è neanche sera. Questa città fa schifo...e a un certo punto, mentre sento quel suono, mi metto a guardare la mia stanza, e improvvisamente è come se tutto avesse senso...il parquet, le birre svuotate una dopo l'altra...le cicche di sigaretta...la città, enorme, tutta intorno – ogni cosa è esattamente al posto giusto – come un cazzo di quadro iperrealista. Mi sento folgorato. E immediatamente il mio cervello incomincia a lavorare freneticamente come una murena impazzita. Mi alzo di botto dal letto e agguanto la macchina da scrivere che avevo abbandonato da tanto tempo in un angolino. Metto gli ultimi fogli di carta lì dentro e incomincio a battere sui tasti, e improvvisamente le parole mi vengono fuori come un fiume in piena. Uno di quei fiumi travolgenti, di quelli che mandano in pezzi le dighe. E ogni parola è esattamente quella che volevo scrivere. E mentre rileggo furtivamente le frasi che ho scritto, senza smettere di battere febbrilmente sui tasti, sento quel fuoco, quell'elettricità, quell'energia. Che genio che sei, Carlo D'Eramo...questa roba è Hemingway, Roth, Salinger, Fante...cazzo, è un milione di volte meglio di tutti quelli che hai letto finora messi insieme. C'è il seme della grandezza dietro tutto questo. Tira dritto. Tira dritto e non pensare alle raffiche di vento, alla pioggia, ai tuoni che rimbombano da lontano e annunciano tempesta. Continua a battere a macchina. Continua a battere a macchina nonostante tutto. La vita è una tigre che ti vuole sbranare, ma non fare come gli altri. Non scappare da lei. Non cercare un modo per salvarti un altro paio di ore. Corrigli incontro. Magari durerai di meno e ti farai male, ma almeno avrai un'opportunità di guardarla negli occhi, anche se solo per un momento.

Continuo a scrivere come un pazzo per due ore, e quando ho finito lo tolgo dalla macchina da scrivere, lo poggio sul letto e stappo l'ultima birra che mi è rimasta, mentre il sole sta tramontando tra le cime dei palazzi, e improvvisamente mi accorgo che sto sorridendo. Un sorriso di quelli buoni, a trentadue denti, e vengo preso dalla consapevolezza che alla fine vincerò. Che uscirò da tutta questa merda. Che, alla fine del tunnel, tutta questa cazzo di città sarà ai miei piedi.

Anno zero

A un certo punto, le fattorie con le piantagioni di meli lasciavano il posto a delle colline spoglie, senza nemmeno un albero, ma solo con dei fili d'erba verdissimi e ancora lucidi per via della pioggia appena caduta. Poi le colline scendevano gradualmente e il verde dell'erba si faceva sempre meno brillante, fino a che non c'erano più colline, ma dune dove l'erba secca e giallastra si mischiava alla sabbia. Il ragazzo e la ragazza percorrevano quelle dune lentamente, con le scarpe che sprofondavano leggermente nella sabbia. Nelle orecchie dei due rimbombava il rumore sordo del vento. Proseguirono oltre le dune, fino a arrivare alla spiaggia vera e propria, una lingua sottilissima di granellini bianchi. Il ragazzo fece cadere a terra uno zaino, e da lì tirò fuori due grossi asciugamani, uno viola e uno blu, quindi, lottando contro il vento che li faceva sventolare come fossero bandiere, poggiò sulla sabbia prima l'asciugamano viola, poi quello blu. Non appena l'asciugamano viola venne disteso a terra, la ragazza corse in fretta a mettercisi sopra, come se avesse paura che, senza la prontezza adeguata, quello sarebbe stato portato via dal vento. Il ragazzo si mise, con una certa calma, sull'asciugamano blu. Il cielo era grigio, tanto nuvoloso da non far intravedere nemmeno un punto più chiaro dove avrebbe potuto esserci il sole. Il mare era mosso, con onde alte che si sbriciolavano in schiuma bianca e andavano a sbattere sulla sabbia con un rumore assordante, e era dello stesso colore del cielo. Sembrava quasi che fosse un mare di mercurio, invece che di acqua.

A parte quei due ragazzi, la spiaggia era deserta.

«Sono contenta di essere qui. Mi piace molto questa spiaggia. L'altra volta che ci sono andata era praticamente allo stesso modo. A essere del tutto onesti, non proprio praticamente. Credo di essere quasi sicura che il vento soffiasse in un'altra direzione, e che il mare fosse leggermente meno mosso. Le nuvole, comunque, erano quasi come adesso. Per dovere di esattezza, devo anche ammettere che, a causa del vento, molta sabbia mi è finita negli occhi e tra i capelli, ed è occorso molto tempo perché riuscissi a liberarmene completamente. Non credo che, però, oggi la sabbia mi stia andando in faccia, né che lo farà a breve. Dipende, probabilmente, dalla diversa direzione in cui soffia il vento.», disse la ragazza. Parlava senza distogliere lo sguardo dal mare mosso, con una voce allegra, ma allo stesso tempo monocorde, che non registrava nessun cambiamento di intonazione o di ritmo. Cercava di scandire ogni parola con precisione, e procedeva con una certa lentezza, come se, durante il suo monologo, impiegasse mezzo secondo tra una frase e l'altra per consultare una sorta di vocabolario mentale che la informasse con esattezza del significato preciso della parola che intendeva utilizzare. Anche il ragazzo, che, tra l'altro, era suo fratello maggiore, guardava il mare, ma con minore fissità. Il suo sguardo vagava anche verso i gabbiani biancastri che svolazzavano sopra l'acqua, per poi deviare e dare qualche occhiata distratta alla sabbia e, soprattutto, sbirciare la sorella con la coda dell'occhio, per registrare ogni eventuale variazione, anche quasi impercettibile, nella sua espressione.

«Quando sei stata qui?», chiese il fratello, con un mezzo sorriso.

«Un mese fa. Ci hanno accompagnato il dottor Bianchi, la dottoressa Di Luca e le infermiere Palucci e Galante. Il viaggio in autobus è stato privo di eventi di particolare rilevanza, e la strada era piuttosto accidentata e intervallata da scomode curve a gomito. È stato bello per me, appena siamo arrivati, constatare che non eravamo in presenza di una giornata di sole. Come tu saprai benissimo, il sole non mi mette allegria. Anzi, mi stanca e mi intristisce non poco. In spiaggia siamo stati piuttosto tranquilli. Abbiamo chiacchierato e fumato qualche sigaretta, e alcuni hanno addirittura fatto una partitella a pallone. Non sono successi incidenti particolarmente gravi, a parte: Antonio che si è calato calzoni e mutande ed è corso verso noi ragazze, suscitando i nostri commenti infuriati e le nostra urla di disgusto; Domenico, che ha avuto una specie di crisi isterica per via della sabbia e che si è dovuto sedere su una sedia di plastica messa sopra un asciugamano piuttosto largo, e che non si è mai alzato da lì, tanto da dover essere portato a braccio su quella sedia dalle infermiere (è una fortuna che Domenico pesi appena trentanove chili, altrimenti il trasporto fino all'autobus avrebbe comportato una certa difficoltà); la signora Assunta, che si è allontanata di soppiatto per fumare delle sigarette che aveva sgraffignato a un altro dei pazienti, Mario, (sigarette che, a essere onesti, le sono state proibite vista la sua età, novantaquattro anni, e i suoi gravi problemi al cuore). A parte questo, non è successo niente di spiacevole, anche se, in tutta franchezza, Anna Romano e Matteo Brighi si sono appartati per un quarto d'ora buono tra le dune, non so esattamente per fare cosa, anche se credo che sia facilmente intuibile e, con un certo sforzo, immaginabile.»

Quando la sorella smise di parlare, il ragazzo scoppiò a ridere. «Fanno bene», disse, «fanno bene a divertirsi un po'.»

«Mi piace tanto sentirti ridere, fratellone. La tua risata ha il suono della campana di un monastero buddhista tra i monti che risuona mentre un ragazzo e una ragazza nel villaggio ai piedi della montagna si baciano di soppiatto sotto la pioggia fitta di primavera. Comunque, non credo che i dottori e gli infermieri la vedano come te, riguardo al divertirsi. Perso siano abbastanza contrari, specialmente considerando l'eventualità che il divertimento porti a uno di quegli spiacevoli inconvenienti che causano dapprincipio rigonfiamento dell'utero femminile e in seguito una considerevole dilatazione della...»

«D'accordo, d'accordo», la interruppe il fratello, «hai ragione. Ma che mi dici della vecchia signora? Voglio dire, ha novanta e passa anni. Direi che un po' di sigarette glie le si potrebbero concedere, tu che dici?». Si sforzava di mantenere un tono allegro della voce, anche se non riusciva a nascondere del tutto un certo distacco e una certa stanchezza nel parlare. Anche la sua risata gli suonava forzata, e il cercare di correggere tutto questo, di imprimere maggiore spontaneità alla sua voce, non faceva che aggravare ulteriormente la situazione.

«Su questo sono d'accordo con te, specie perché non condivido la teoria ormai comunemente accettata che vivere il più a lungo possibile sia la cosa migliore. Insomma, ultimamente ci viene detto, al ritmo di due volte al mese, che le sigarette uccidono ogni anno un tot di milioni di persone. Tuttavia, non ci viene mai detto quanti milioni uccidono i lavori usuranti, la pressione alta, il senso di colpa, le code in banca, un coniuge infedele, una vita vuota, la stanchezza o la vecchiaia. Morire per le sigarette, insomma, secondo il mio modesto parere, non è che un altro modo per morire, tra i tanti che ci sono. In fin dei conti, non credo che morire per una sigaretta sia poi così diverso che morire investito da un'auto. La morte non risparmierebbe comunque nessuno, e se qualcuno non morirà per una sigaretta, lo farà per qualche altra cosa. Quindi, qual è il punto? Una vita più lunga possibile è qualcosa di buono di per se?»

«Non lo so, sorellina. Ti stai facendo piuttosto filosofica.»

«Già. Probabilmente è perché, quando non ho niente da fare e nella mia testa iniziano a venire brutti pensieri, ho preso l'abitudine di fumare una sigaretta. Mi rilassa e manda via i pensieri inopportuni. Magari il catrame, il tabacco e la nicotina mi toglieranno qualche anno di vita, ma se fumare riesce in qualche modo a allontanare, anche se solo parzialmente, i brutti pensieri dalla mia testa, la mia aspettativa di vita, malgrado il tabacco, ne risulterebbe comunque migliorata, in un certo modo. Non credi?»

Il fratello non rispose, e ora guardava a disagio le dune di sabbia. Il vento si era leggermente calmato.

La sorella, come accorgendosi di aver detto qualcosa di sbagliato, disse in fretta: «L'ultima volta che siamo stati qui, a un certo punto, ha iniziato a piovere, e ce ne siamo andati a passo piuttosto svelto. Ci siamo rifugiati in un bar qui vicino, a due passi dal lungomare. Siamo entrati e c'erano dei grandi finestroni e fuori pioveva, e le gocce di pioggia erano grandi e pesanti e colavano lungo quei grossi vetri delle finestre. Ha cominciato a fare anche tanti lampi. Quasi tutti sono andati a sedersi insieme. Io, invece, me ne sono stata da sola, vicino a uno di quei finestroni, a bere una tazza di tè bollente. Continuavo a fissare quella tazza di tè e a sollevarla ogni venti secondi, e il tè era buono e caldo. Quando bevevo chiudevo gli occhi, e quando poggiavo la tazza di nuovo sul tavolino tornavo a fissarla. Era molto divertente. Guardavo solo quella tazza, e anche se non guardavo il temporale e quelle gocce che colavano dalla finestra, in un certo senso *vedevo* quelle cose, *sapevo* che quelle cose stavano accadendo fuori da quel locale...», la sua voce adesso si era fatta leggermente più spedita, e pronunciava le parole con minore attenzione, in maniera spontanea. Sembrava come se qualcuno, durante un giorno di lavoro in ufficio, tutto preso a combattere con degli incartamenti intollerabilmente complessi, avesse per un secondo distolto lo sguardo dalle carte e guardato fuori dalla finestra, vedendo la città al tramonto, con una lieve pioggia di primavera che offuscava leggermente il sole rosso e con uno stormo di rondini che sfrecciava sui tetti, incuranti di tutto quanto.

«Come mai ti eri andata a sedere da sola? Avevi litigato con gli altri?», chiese il fratello, che, se solo fosse stato un po›meno distratto e si fosse sentito appena un po'meglio, avrebbe notato che sua sorella era felice di quel ricordo, e che quello era proprio il genere di domanda da non fare. Lei, di colpo, smise di parlare, rimanendo a bocca aperta e con gli occhi leggermente sgranati.

«Sorellina?», chiese il fratello, adesso guardando la ragazza e con la consapevolezza di essersi fatto sfuggire qualcosa di importante, di aver fatto un errore.

«Parli come mamma, adesso.», mormorò lei. La sua voce era cambiata di nuovo. Aveva perso il tono misurato e cadenzato, da dizionario, e non era più nemmeno sognante e spontanea come quando aveva preso a parlare del temporale e della tazza di tè. Adesso si era fatta bassa, roca, quasi ruvida, e faceva sentire chi l'ascoltava come un uomo che si sveglia di soprassalto perché qualcuno ha strusciato contro la sua faccia della carta vetrata. Dietro quella ruvidità, poi, se si stava attenti, si riusciva a avvertire dell'altro, come se dietro quel muro di grafite fosse nascosta una lama di rasoio che non aspettasse altro che un impercettibile cambiamento di equilibrio per cadere di taglio.

«Non parlo come mamma, sorellina. Lo sai. Ti voglio bene, e se ho detto qualcosa di sbagliato ti chiedo scusa...»

Le scuse la fecero sentire un po'meglio. La faccia si distese un po', e lei restò in silenzio. Quando parlò, fu con la voce di una bambina di sette anni che si ritrova a tenere un corso di endocrinologia di fronte a centinaia di dottori. Disse: «Non mi piace che tu mi parli come se fossi una bambina. Non mi piace. Non avevo litigato con nessuno, Paolo, anche se questi non sono affari tuoi. Volevo solo bere una tazza di tè in pace.»

«Ok, ok. Scusami. Hai ragione. Non c'è niente di male nel volere stare in pace.»

«Mi piace bere il tè da sola.»

«Va bene, hai ragione.»

«Non ho litigato con nessuno.»

«Sono contento.»

«Mi stai assecondando? Mi stai dando ragione per farmi stare calma?»

«No, Monica. Non ti sto assecondando. Ti sto dando ragione perché penso che tu ce l'abbia.», fece il fratello. Probabilmente la ragazza riuscì a trovare abbastanza sincerità nella risposta, perché questo la fece rimanere in silenzio per un po'. I due restarono a fissare il mare per dieci minuti buoni, finché lei non chiese, con la voce molto bassa e tranquilla: «Raccontami un po' di te, Paolo.»

Felicissimo che la sorella avesse parlato di nuovo, lui incominciò a dire immediatamente: «Non c'è molto da dire...l'altro ieri ho dato un esame parecchio difficile, e quindi la sera stessa sono uscito con gli amici a festeggiare. Capirai da te perché il giorno dopo non ho fatto altro che stare steso a letto come un morto e vomitare in bagno.»

«Avevi bevuto.», fece lei, che sembrava stranamente impossibilitata a riconoscere le frasi retoriche, quando venivano pronuncia -te da qualcun altro.

«Già. Ma stamattina stavo meglio, e mi ha fatto piacere viaggiare per arrivare qui. Viaggiare in treno mi rilassa, lo sai.»

«Come sta Bianca?»

«Oh, sta bene. Ha fatto l'esame anche lei, solo un po' prima di me. È andata dai genitori, questa settimana. Tra un po' vado a trovarla.»

«Conoscerai i genitori?»

«Li ho già conosciuti.»

«Li hai già conosciuti.», ripeté la sorella, senza alcun apparente motivo particolare. Dopo un paio di secondi disse: «Spero di non avere interrotto niente, di non averti disturbato quando avevi degli esami...»

«No, tranquilla. Ho finito tutto quanto, posso riposarmi per un paio di settimane e poi ricominceranno le lezioni. Non hai interrotto proprio niente. Tutti i miei amici se ne sono andati, e poi... mi fa sempre piacere vederti, cosa credi? Non mi disturberesti nemmeno se bussassi alla porta alle quattro del mattino della vigilia della mia laurea.»

Lei sorrise, e disse: «Sono contenta che tu mi dica questo. Anche io sono felicissima di vederti. È da tanto che non facevamo qualcosa insieme, e anche se ci scriviamo sempre, e le tue lettere sono belle, devo, in tutta sincerità, per essere franca, ammettere che, per quanto la tua calligrafia sia accurata e le cose che dici interessanti e divertenti, leggerti non è esattamente gratificante quanto vederti.»

«Vale lo stesso per me.»

«So che avrei potuto trascorrere il mio giorno libero con mamma. Ma i dottori mi hanno dato questo giorno libero perché sto meglio, e sono convinta che stare da mamma non mi avrebbe fatto bene. Ogni volta che vado da lei, in mia presenza si muove sempre in punta di piedi, per non farsi sentire. Mi parla con un tono bassissimo, chiedendomi solo cose come: "come stai? Sei stanca? Vuoi una tazza di tè?"...come se un tono di voce troppo alto o delle frasi autentiche potessero ferirmi fisicamente. Io non ho quattro anni. E non sono stupida. Capisco esattamente cosa succede. Da quando è successa la cosa dei quadrati, ho deciso che mai e poi mai trascorrerò un altro giorno libero con lei. Almeno fino a quando starò così meglio da essere in grado di non dare un peso a queste cose.»

«Cos'è questa storia dei quadrati?»

«Qualche mese fa ero a casa da lei, e stavo guardando una bella cosa in televisione. Non ricordo esattamente cosa, ma era divertente. Mamma era anche più tranquilla. Era felice di vedermi tanto rilassata. Poi si è allontanata un attimo in cucina, e io mi sono alzata dal divano, mi sono inginocchiata per terra e mi sono messa a disegnare dei quadrati con le dita sul pavimento. Erano quadrati che avevano dei triangoli che crescevano sui lati, e che si collegavano tutti tra loro. Mi piaceva farlo, stavo tranquilla. Così tranquilla che ho persino incominciato a canticchiare una canzoncina. Non so per quanto l'ho fatto. Quando mi piace fare una cosa perdo la cognizione del tempo. Sta di fatto che, solo per un momento, a un certo punto, ho alzato lo sguardo. Mamma era lì, che mi fissava come se stessi facendo qualcosa di orribile. Mi ha fatto male, vederla guardarmi così. Non avevo fatto niente. Avevo solo disegnato dei quadrati immaginari, e lei mi guardava come se le avessi ficcato un pugnale nel cuore. Era triste. Era addolorata. Era spaventata. Era arrabbiata.»

Rimase in silenzio per un po', come se si aspettasse una risposta del fratello. Lui, però, non disse niente. Se ne stava immobile, respirava profondamente e aveva chi occhi chiusi e i pugni stretti. Visto che il fratello non aveva detto niente, lei riprese.

«Me ne sono andata in camera. Sono stata malissimo e ho cominciato a cantare a altissima voce «Lemon Tree», perché in genere quella canzone mi fa tranquillizzare un po'. Non ha funzio -nato tanto bene, però. Non so esattamente per quanto, ma penso che sia stato per tanto tempo, ho cominciato a ripetere, sempre più forte, la parola "isolation", nella canzone, e a graffiarmi la faccia a sangue. Non so per quanto l'ho fatto. So che poi mi sono stancata e ho preso a graffiarmi e gridare sdraiata sul letto, e poi non ricordo niente. Mi sono svegliata con dei graffi orrendi sulla faccia e il cuscino sporco di sangue. C'è voluto quasi un mese per far sparire quei graffi, e mi hanno sospeso i giorni liberi. Questo è il mio primo giorno libero da quella volta.»

«Ne hai...ne hai parlato con i dottori?», la voce di Paolo era ridotta a un filo, come se venisse da un uomo in punto di morte. Stavolta fu la sorella a non accorgersi che c'era qualcosa che non andava. Rispose in fretta, con un misto di rabbia e entusiasmo: «I dottori, i dottori, i dottori, i dottori. I dottori non mi ascoltano davvero. Io parlo e loro pensano a quanto grave sia il mio peggioramento o la mia patologia. Io dico come mi sento e loro pensano a che nuovo tipo di pillole prescrivermi e a quale altro tipo di pillole devono darmi per neutralizzare gli effetti collaterali di altre pillole. Non ne posso più dei dottori con i loro taccuini e le loro pillole. Voglio dire...so che se sto meglio è grazie a quelle pillole. So che se non ho più tanti brutti pensieri e non sento più cose che non esistono è per via delle medicine...ma voglio dire, non per questo loro devono guardarmi e ascoltarmi e vedere solo una malata a cui dare una medicina per farla calmare. Io so che non sto bene. So di avere qualcosa che non va. Non capisco esattamente cos'abbia che non va, non capisco perché la gente mi consideri peggiore di tanti altri che non sono rinchiusi, ma capisco che il fatto che io non lo capisca è un mio problema, è parte di quello che ho che non va. Ci ho messo molto a capirlo, ma adesso lo so. Il fatto è... non è che perché ho qualcosa che non va, tutti debbano guardarmi in quel modo. Io ho bisogno di pillole per stare meglio. Qualcun altro ha bisogno di alcol per stare meglio. Qualcun altro di cibo. Qualcun altro di sesso. Qualcun altro di fare lunghe passeggiate. Tutti hanno bisogno di un loro personale tipo di pillole. Io non sono così diversa dagli altri, eppure mi sento sempre sola. Se non ci fossi tu, mi sentirei sola al mondo. Come ho già detto, non sono una bambina. E non sono stupida. Io capisco, Paolo. Capisco.»

«Lo so.», fece il fratello, in un sussurro quasi impercettibile.

«Capisco perfettamente quando qualcuno mi guarda e vede solo una malata. Capisco quando mamma o i dottori mi guardano come una pazza.»

«Lo so.»

«Io capisco, Paolo, capisco quando qualcuno ha paura di me.»

Solo allora se ne accorse. Si girò, e vide che il fratello aveva la faccia coperta dalle mani, e che stava piangendo. Era scosso da singhiozzi profondi, e tremava.

«Fratellone.», disse lei. Se ne stava lì a guardarlo piangere come un bambino, e non sapeva che fare. «Paolo», lo chiamò poi, dopo un po', toccandolo leggermente con la mano. Lui sembrò calmarsi. Rialzò la testa e si asciugò in fretta le lacrime. Aveva gli occhi arrossati. Tirò su col naso e, dopo un singhiozzo, disse, con la voce tremante: «Scusa, sorellina.»

«No, non scusarti. È a me che dispiace. Non volevo farti piangere.»

«Non sei stata tu.»

«Scusami fratellone. Scusami. Mi spiace di aver detto tutte quelle brutte cose. Sono così felice di essere con te qui in questo momento che mi sento libera di dire tutto, e non capisco che certe cose ti fanno sentire triste. Mi dispiace, fratellone. Io sono tanto contenta, e tu sei triste per colpa mia.»

«Non sei tu, sorellina. Non piango per te.»

«Non ti credo.»

«È la verità.»

«Perché piangi, allora?»

«Piango», disse lui, dopo un sospiro profondissimo e incredibilmente lungo, «perché sono così stanco di tutto quanto...sono stanco delle fermate degli autobus, dell'università, i bar e la televisione...di guardare tutti quanti e vedere solo ammassi di cellule che lentamente marciscono e muoiono. Lo sai cosa faccio quasi tutte le sere, quando il tempo non passa mai e non ce la faccio più a starmene chiuso in camera?»

«Cosa?»

«Esco. Vago senza meta per le strade della città, e desidero di svanire completamente nel nulla e di non vedere nessuno e non provare mai più niente, mai più.»

«Ne hai parlato con qualcuno?», chiese Monica, sforzandosi di usare il tono più dolce che poteva e guardando il fratello con un misto di tristezza, curiosità e circospezione.

«"Parlato con qualcuno". Io parlo *sempre*. Con tutti quanti. Parlo con tutti e non dico mai niente di importante, mai niente di vero...non ce la faccio più. A volte guardo la pioggia, o la gente che passeggia, e mi sento dentro la voglia di piangere, gridare, distruggere tutto. Ma questa non è la cosa peggiore.»

«Cosa può essere peggiore di questo?»

«Tirare avanti, sorellina. Far finta che tutto vada bene, alzarmi ogni mattina e fare le stesse cose di sempre, come se avessero un qualche minimo senso.»

Chiuse gli occhi e rimase in silenzio. Si sentiva come dopo una corsa di dieci chilometri su per una ripida salita. Dolorante, esausto, ma anche, in un certo senso, stranamente soddisfatto, investito da una nuova tranquillità. Era la prima volta che parlava di questo.

Monica rifletté a lungo su quello che aveva detto il fratello. Dopodiché chiese, a bassa voce: «Pensi che io sia un ammasso di cellule che lentamente marcisce e muore?»

«No, sorellina.»

«Chi sono, allora?»

«Sei solo uno dei pochissimi esseri umani ancora rimasti sulla terra. Una delle pochissime persone ancora vive, che sono costrette a andare avanti, passo dopo passo, in un mondo morto. Ecco cosa sei tu. Sei una delle poche cose che mi dà la forza di svegliarmi la mattina, perché quando vedo te e ancora pochi, pochissimi altri, capisco che non siamo ancora tutti morti dentro.»

Ci fu un altro lungo, lunghissimo silenzio. Alla fine Monica, con un filo di voce, mormorò: «Lo sei anche tu.»

«Cosa?»

«Anche tu sei uno di quei pochi esseri umani, e io sono felice che tu sia qui con me, adesso. Sono felice che due dei pochi esseri umani ancora su questa terra siano fratello e sorella, e che in questo momento si trovino da soli in una spiaggia. Non sei contento anche tu di questo, fratellone?»

«Sì. Sono contento.», rispose Paolo, esausto.

«Devi esserlo, perché in questo momento io sono tanto felice. Ci tenevo tanto a farti vedere questo posto.»

«È per via di quella volta che ci sei andata in autobus con tutti gli altri?»

«No», disse lei, «è per via del castello.»

«Quale castello?»

«È qui vicino, un po' più giù lungo le colline.»

«Non sapevo che ci fosse un castello.»

«È molto antico. E grande. Se ne sta lì, come una cosa enorme in mezzo alla pianura verde. Vuoi venire a vedere? È proprio a due passi da qui.»

I due si alzarono dalla spiaggia, Paolo mise a posto gli asciugamani e, in silenzio, si incamminarono. La sorella avanzava con passi lunghi e veloci, e il fratello la seguiva. Andarono avanti per una decina di minuti, lasciando la spiaggia e le dune e tornando nella brughiera. Il cielo aveva preso a farsi scuro, e faceva più freddo. A un certo punto la ragazza si fermò e, indicando, disse al fratello: «Ecco. Lo vedi?»

«Dove?»

«Ma lì! Non lo vedi?»

«Non vedo niente.»

«Ma è proprio davanti a te! Guarda!»

«Ah…sì…adesso lo vedo.»

«Non vedi come è grande?»

«Sì. È davvero enorme.»

«Un tempo era molto più bello. Adesso alcune stanze sono in rovina. Ma è ancora uno dei castelli più belli d'Europa.»

«È vero.»

«Un giorno, quando uscirò dall'Istituto, ce ne andremo a vivere qui. Lì dentro, nel castello, ci stanno aspettando. Andremo a viverci io, tu, e tutti gli altri esseri umani che rimangono su questo pianeta. E lì non ci sentiremo mai soli, e nessuno ci guarderà mai come se fossimo pazzi o come se avessero paura di noi. E quando diremo qualcosa nessuno ci riderà in faccia, ma ci capirà e risponderà, e noi capiremo lui. E lì dentro nessuno dirà niente che non sia vero e importante, mai. E le cose che hanno commosso commuoveranno ancora, e la pioggia sarà solo pioggia. E noi staremo lì. Tu, io, la signora Assunta, Bianca...e nessuno entrerà mai a disturbarci, e potremmo disegnare quadrati sul pavimento o fumare in pace o ricordare tutte le belle cose che ci sono state e immaginare tutte le belle cose che ci saranno senza che nessuno mai ci venga a disturbare o a dirci quali pillole prendere. Non è così?»

«Hai ragione, sorellina. È proprio così.»

«Ho sentito una goccia di pioggia. L'hai sentita anche tu?»

«Sta iniziando a piovere.»

«Forza, allora. Ti porto in un bel bar sul lungomare. Fanno delle ottime tazze di tè, laggiù.»

Ha appena smesso di piovere

I

Domenica 13 Aprile, ore 16:30. Nella stazione degli autobus di Aarhus, Midjylland, Danimarca, Anna Søndergaard Pedersen è seduta su una panchina, in attesa dell'autobus 112, che la porterà a Borum, una piccola contrada residenziale a un quarto d'ora di macchina dalla città.

Anna è piuttosto bassa, diciamo un metro e sessantacinque. Ha i capelli lunghi e neri e gli occhi grandi e blu scuro. Il suo fisico è del tipo che, in un romanzo americano noir degli Anni Venti, sarebbe stato definito "tutto curve, e tutte al posto giusto". Nonostante questo, il suo abbigliamento fa di tutto per nascon -derle. Anche se, per non essere troppo duri, va anche detto che l'abbigliamento può essere una diretta conseguenza della situazio -ne climatica: fa molto freddo, e ha appena smesso di piovere.

Anna indossa un paio di jeans sbiaditi, un maglione di lana pesante rosso e, sbottonata, una vecchia e logora giacca verde militare, che le arriva fino alle ginocchia e che, a giudicare dal fatto che le sue mani spuntano appena dalle maniche, è decisa- mente troppo grande per lei.

Ci sono solo io a aspettare l'autobus. È un orario strano comunque: Il momento ideale per tornare, comunque. Non sopporto quando è pieno di gente.

Mi ha fatto piacere rivedere Astrid. Specialmente, mi ha fato piacere rivederla al *Smagløs*. Siamo sempre andati lì, prima che si trasferisse a Copenhagen. Faceva freddo e pioveva, ma fortu- natamente siamo riusciti comunque a sederci riparate, vicino a quella stufa, e siamo state bene. Forse ho fatto male a ordinare la seconda birra – la sento un pochino, ho la testa leggera – più che altro perché gonfia la pancia – ma ne avevo voglia. È dimagrita dall'ultima volta che l'ho vista. Mi ha fatto praticamente sentire una balena – è il vantaggio delle ragazze alte. Hanno le gambe lunghe che le fanno essere più slanciate. Io posso anche pesare poco, ma sembro sempre tozza. Specialmente per questi due cosi sul davanti – basta che metto un vestito un poco troppo largo e somiglio al tendone di un circo. Astrid ha riso, quando glie l'ho detto. Ha una bella risata. Mi è mancata, la sua risata. Dovrebbe ridere più spesso. Dovrebbe comportarsi in quel modo più spesso, e non solo quando siamo da sole – quando ci sono altre persone in giro, specialmente ragazzi, è tutta impegnata a fare la tipa alternativa e figa, e diventa una noia mortale. Chissà se fa così anche a Copenhagen.

Mi è dispiaciuto sentire quella storia – non ha mai avuto fortuna con i ragazzi. Eppure è così bella. Si sceglie sempre i più stronzi. Se fosse successa a me una cosa del genere – dopo quattro serate che la tratta come una regina di colpo smette di farsi sentire e si comporta come se non si conoscessero e quando lei gli chiede cosa succede lui mette su quell'aria così condiscendente di merda e dice – non *sapevo* che tu ti fossi *coinvolta* così *tanto* in questa storia, forse è meglio se non ci vediamo più pensavo che fossi più *matura*, e invece ti comporti come una *ragazzina* – mi verrebbe voglia di prenderlo a schiaffi, quell'*idiota*. Roba da non crederci, specialmente perché poi lei ha pianto e tutto. Ovviamente deve sentirsi una stupida, ma non è mica colpa sua.

Mi sento davvero gonfia. Ho sbagliato a bere due birre. E il tutto dopo quella serata allucinante venerdì. Devo già andare in bagno. Succede sempre così, quando bevo un po'. Ho la vescica più piccola di un ditale, e devo sempre andare in bagno. Meno male che è quasi arrivato. Tra poco sono a casa.

Anche venerdì sono andata in bagno in continuazione. Almeno, finché mi ricordo qualcosa – Nikolaj – mi vergogno ancora a ripensarci – chissà cosa ho bevuto a un certo punto non mi ricordo più niente mamma mia mi si stringe lo stomaco ho passato tutta ieri a letto a smaltire la sbronza non sono riuscita nemmeno a ingoiare qualcosa per cena. Viene da chiedersi per quale motivo una persona beva, se poi il giorno dopo si sta così male. Ma non ero l'unica. Tutti quanti hanno bevuto fino a sfasciarsi – è perché sono gli ultimi mesi dell'ultimo anno – primavera e sole nelle aule del liceo. Tra un po' faremo gli esami finali e poi ognuno se ne andrà per la sua strada. Sentiamo tutti quanti questa impressione così strana. I giorni passano lentissimi e i mesi scorrono come sabbia in una mano – c'è qualcosa in arrivo, molto vicina, ma nessuno di noi riesce a vederla – per questo ci sbronziamo tutti quanti come pazzi – vorrei solo arrivare a capire che sta finendo per davvero. Invece non capisco niente – mi trascino giorno dopo giorno e non realizzo che tra un po' cambierà tutto quanto. Per la prima volta dovrò decidere da sola che cosa fare. Non ci sarà più una scuola dove andare compiti da fare gente da vedere professori da ascoltare – dovrò vedermela io da sola – trovare un lavoro – sicuro non voglio incominciare immediatamente l'università. Non capisco proprio quelli che – Trahn – si iscrivono all'università l'anno dopo il liceo – probabilmente è perché i genitori di Trahn sono parecchio duri con lui – il vecchio luogo comune dei genitori asiatici – ma forse invece è perché *lui* sa già che vuole studiare – lo invidio. Io sono ancora in alto mare. Non so che fare nella vita. Già è tanto se so che farò quest'estate.

Avevo bisogno di questo week end, comunque. C'è un senso di rilassatezza, nel dopo sbornia. La testa pensa molto più lentamente. La bevuta del giorno prima fa scaricare tutto lo stress represso – ecco perché in Danimarca tutti si sbronzano il venerdì. Lavoriamo come schiavi la settimana e beviamo fino a rimbambirci tutto il week end. Che bello. Molto intelligente. Non mi è piaciuto per niente il mio vestito, però – bianco panna – quel girocollo faceva sembrare le mie tette come quelle di una vecchia cicciona. Mi sentivo così goffa lì in giro – tutte hanno detto che stavo bene e Astrid mi ha urlato oggi che sono paranoica – forse è vero che esagero, ma venerdí mi sono sentita veramente un vecchio mostro grasso, là in giro, in mezzo a tutte quelle strafiche alte due metri – meno male che poi a furia di bere ho smesso di stare male per il vestito. Probabilmente mi sono anche dimenticata di avercelo addosso, il vestito – forse, in fin dei conti, è proprio per questo che uno beve.

Per fortuna che non ho fatto casino tornando a casa. Non l'ho svegliata. Mamma avrebbe fatto un quarantotto, se mi avesse visto tornare in quelle condizioni. Strano per me bere così tanto, in effetti. Già immagino che direbbe – come puoi tornare a casa in queste condizioni *proprio tu* dopo tutto quello che abbiamo passato eccetera no grazie non ci tengo proprio che mia madre mi veda ubriaca. Non capirebbe – ne farebbe una tragedia gigantesca, e d'altronde non posso biasimarla, visto quello che ha passato. Solo che, ogni tanto, vorrei che fosse un po'più come i genitori delle mie amiche, che non si fanno problemi se ogni tanto le figlie tornano a casa camminando come struzzi zoppi – è soltanto una bevuta in fin dei conti, dicono – sarebbe bello se ogni tanto, dopo aver bevuto un po'troppo, non dovessi tornare a casa come se stessi camminando su un campo minato pieno di trappole per orsi e merde di cane, per non fare rumore.

II

L'autobus 112, lentamente, si accosta al suo stallo. Dopo qualche secondo, le porte si aprono. Anna si alza dalla panchina, entra nell'autobus, mostra l'abbonamento all'autista e, attraversando il corridoio, va a sedersi in uno dei sedili in fondo, accanto al finestrino. L'autobus incomincia a muoversi, poi a uscire dalla stazione e re immettersi in strada. Per tutto il tempo del viaggio, Anna guarda fuori dal finestrino, con l'espressione assente.

Svolta la curva e arriva, blu e sferragliante come un grosso dinosauro sonnolento, poi rallenta e si accosta davanti a me, e la porta si apre con un sibilo. Salgo e faccio vedere l'abbonamento all'autista – pancia grossa, baffi, capelli grigi – già visto – cammino fino al posto in fondo. Non ci sono molte persone, solo un paio di ragazzini davanti e una tizia che mi fissa nei sedili in mezzo – Cosa cavolo guarda?

Ora fa caldo – posso togliermi il giaccone verde – stavo morendo di freddo, là fuori. Sarei potuta andare al bar della stazione, ma lì è pieno di ubriaconi e tizi che giocano al videopoker e i bicchieri sono tutti sporchi e ogni volta che vai al cesso devi sperare di non prenderti il tifo tanto è sporco – meglio prendere freddo. Adesso invece sto bene. Mi piace proprio questo maglione rosso. Devo ricordarmi, ora che torno a casa, di dire grazie a mamma. Me lo ha fatto trovare sul tavolo del salotto, tutto ripiegato – lei già andata via – è davvero bello, e tiene proprio caldo – se ne stava sempre lì sul divano a sferruzzare, in questi mesi, con la TV accesa, prima e dopo cena, e ora il maglione è finito – lei è fatta così. Proprio non riesce a starsene ferma un secondo. Anche dopo il lavoro e dopo cena non è capace di sedersi immobile e guardare la TV deve sempre fare qualcosa per tenersi impegnata – i ferri da calza tintinnavano, con lei che guardava la televisione e le mani che si muovevano velocissime, come una macchina, e quei fili rossi di lana che si intrecciavano tra loro come se fosse la cosa più semplice del mondo. Quando ci ho provato io è venuta fuori una cosa mostruosa – informe.

Ecco il supermercato – siamo appena usciti dal centro della città. Non ci vorrà ancora molto. Ricordo quando ci lavoravo come cassiera – una noia mortale – sempre lì a passare roba su quel laser – bip – la cosa che odiavo di più era quando i tizi mettevano la roba ammucchiata alla cazzo di cane e tu dovevi – bip – cercare il posto dove c'era il codice a barre – bip – tutte le volte che qualcuno era così gentile da mettere le cose con il codice

a barre sopra gli facevo un sorriso – solo le donne lo facevano
– gli uomini in genere quando fanno la spesa sono più confusi e
sperduti di un bambino il primo giorno di scuola.

Una volta, dopo il turno di giorno al supermercato, mi sono
vista con Astrid. Prima che si trasferisse a Copenhagen – secondo
anno di liceo – ce ne siamo andate a ARoS – io non ero mai stata
lì ma Astrid ci andava spessissimo – 50 Corone il biglietto – lì ho
scoperto che mi piaceva un sacco andare in giro per musei. Siamo
andati prima a vedere quelle sculture di silicone stranissime di
quell'americano – Matelli – quella scimmia grassa tenuta ferma
da tutte quelle scimmie scheletriche mentre una di loro gli squar-
ciava il pancione e faceva uscire tutte quelle budella di fuori – o
il castello di carte enorme con tutte quelle lattine vuote sigarette
pezzi di pizza in mezzo – mi è piaciuto parecchio, ma mai quanto
Kaspar Bonnen. Sono rimasta a fissare ogni quadro di lui per un
quarto d'ora, e quando Astrid aveva finito io non ero nemmeno
arrivata a metà. Non credevo che guardare un quadro mi avrebbe
fatto sentire così…ero come travolta. Quel quadro con la stanza e
il tavolo e le cose e le ombre delle cose tutte mescolate – quello
della Towers of Change col totem che diventa farfalla che diventa
Einstein e quella testa che spara cubi fuori con la porta da cui entra
tutta quella gente potresti starci ore davanti a quel quadro e non
smetteresti mai di trovarci qualcosa di diverso qualche nuovo sig-
nificato. È proprio il mio genere. Mi piacciono quelli che fondono
il luogo con quello che c'è dentro e con la mente e con tutti i ricordi
e le impressioni collegati con il posto e con gli oggetti intorno
eccetera – tutto sganciato dal tempo e dallo spazio tutto mescolato
insieme. Mi piace anche *leggere* cose del genere – Virginia Woolf
– a meno che non diventi una cosa esagerata, troppo costruita –
Joyce – proprio non sono riuscita a finire quel cavolo di Ulisse – se
Joyce si fosse concentrato un po'meno a fare il giocoliere con le
parole, se avesse smesso di descrivere quanto tutti siamo banali e
noiosi e uguali e meschini e ordinari e avesse parlato un pochino

di più – come fa Woolf – di quanto *ognuno di noi* sia *unico*, e di come ogni cosa è *poesia*, avrebbe scritto un libro *cento volte* più bello. Certo che sei proprio sveglia, eh? Scrivici su un libro. Parlo come quei vecchi tromboni quando invece non ne capisco niente. Virginia mi piace però. Il primo libro di lei che ho letto – Mrs Dalloway – il mio quattordicesimo compleanno – mio padre – Mrs Dalloway – giaccone verde – le uniche cose che ho ancora di mio padre. I libri e il giaccone sono come corpi estranei alieni di mio padre in mezzo a quella casa che non fa altro che ripetere il mio nome e quello di mamma – mamma che sferruzza e mette insieme i fili di lana rossa. Devo proprio ricordarmi di ringraziarla. È un maglione bellissimo.

Chissà se venerdì alla festa sarei potuta andare con questo maglione invece di quel vestito del cavolo – ero tanto felice quando l'ho comprato – sembravo un sacco di patate – ma il maglione non era ancora finito quando c'era la festa – e poi tutte mi avrebbero guardato strano. Loro tutte in tiro e io con un maglione di lana. Tanto valeva andarci in ciabatte. È strano dare tutta questa importanza ai vestiti. Io mi sarò provata almeno una ventina di vestiti, prima di scegliere quell'orrore bianco panna – e tutto per una festa – lo facciamo più per le ragazze che per i ragazzi. Ai ragazzi non frega niente di come ti vesti. È più una competizione tra ragazze. E pensare che dovremmo essere solidali – siamo tanto piene di casini che dovremmo aiutarci le une con le altre. E invece non facciamo altro che complicarci la vita ancora di più tra di noi. Tanto, poi, a metà festa eravamo tutti talmente ubriachi da non capire niente. Che importava chi indossava cosa? Tutto è veramente stupido. E la più stupida sono io, che mi interesso di queste cose come se ne andasse della mia *vita*.

Mikkel era vestito *malissimo* venerdí. Ma d'altronde, lui è *sempre* vestito malissimo. È divertente. Ci ho parlato poco, però. È veramente scocciante che siamo in due classi diverse e frequentiamo gente diversa. Non riusciamo quasi mai a stare insieme.

Chissà perché ci penso sempre, a lui. Non è mica tanto bello – ha un naso! – e poi si veste come un *barbone* – gli occhi sono un po' troppo vicini – portava degli *scarponi* marroni *orribili* che sembravano quelli con cui si lavora in campagna per dar da mangiare ai *maiali*. Però è tanto bello parlarci. Come quella volta che abbiamo parlato di film e lui era tanto appassionato – gli brillavano gli occhi – non avevo mai visto uno entusiasmarsi così per qualcosa. Dire delle cose spontanee, senza fregarsene se magari suonano strane. È stato bello. E diceva tante cose – tutti gli altri stanno sempre lì in guardia, e ti fanno sentire nervosa – cercano sempre di far vedere quanto sono fighi e quanto non glie ne frega niente di niente e tanto loro sono così *fighi* e vestono tutti bene e hanno i capelli tutti al posto loro e si comportano peggio di noi quando devono pettinarsi e mettersi in tiro e la cosa più ridicola è quando fanno finta di essere trascurati – si capisce lontano un miglio che hanno speso un patrimonio per quei vestiti e tutto apposta per farli sembrare tipi *vissuti* e alternativi – roba da ridere. Però alcuni sono proprio belli – certo se Mikkel si vestisse un po' meglio sarebbe cento volte più bello – sistemarsi i capelli – però quel nasone sarebbe sempre lì – ha un bel sorriso però! Quando sorride gli si illumina tutto il viso, e allora non te ne importa più niente del vestito o del naso. Chissà se mi ha visto venerdì – Nikolaj – spero proprio di no – mi vergo -gnerò finché campo se mi ha visto con quell'idiota – non riuscirei a guardarlo più negli occhi. Non ho potuto farci niente però. Ero completamente ubriaca. Non mi ricordo nemmeno com'è iniziata, ma a un certo punto eravamo lì al tavolino a baciarci – mi viene la pelle d'oca a ripensarci soltanto – poi mi voleva trascinare in bagno e io non volevo meno male che Emma non era ancora completamente partita e mi ha visto e mi ha preso da parte – quel figlio di puttana – chissà che cavolo sarebbe successo se mi avesse trascinato in bagno – ero talmente ubriaca che non avrei potuto farci niente – proprio un bastardo – mi vergogno talmente – spero proprio che Mikkel non ci abbia visto – lì al tavolino a limonare con quel *coglione* – mi si attorcigliano le budella solo a ripensarci. Che imbarazzo! Sono davvero cretina.

III

L'autobus svolta a destra, abbandonando la strada principale. Anna preme il pulsante rosso vicino al suo sedile e, poco dopo, scende alla fermata di Borum, rivolgendo un rapido cenno di saluto verso l'autista. Prende ad avviarsi verso casa, ma, cinque o sei secondi dopo, gira velocemente i tacchi, procedendo verso l'altra direzione. Continua a camminare per un po'di tempo, guardandosi intorno, con l'aria tranquilla. Più passa il tempo, però, più cammina veloce, e il respiro si appesantisce passo dopo passo. A un certo punto, si mette a correre, con un'espressione terrorizzata sul viso, come se stesse scappando disperatamente da qualcuno – o qualcosa – che la sta inseguendo, anche se, dietro di lei, non c'è niente. Continua a correre in questo modo finché non arriva alla fine della strada, dove le case lasciano il posto all'aperta campagna. Lì si ferma di colpo e si guarda attorno, come sorpresa di trovarsi lì.

Ecco. Questa è la mia fermata. Premo il pulsante rosso – ding! – metto prima la giacca e poi la borsetta a tracolla. Ecco. L'autista risponde al saluto. Ha una voce nasale. Eccomi di nuovo al freddo. Questa primavera proprio non vuole arrivare. Probabilmente mia madre sarà ancora via quando torno a casa – non ho fretta, posso anche farmi una passeggiata e fumarmi una sigaretta – perché no? – dovrò passare tutto il resto della giornata chiusa in casa a studiare, è bene prendere una boccata d'aria. Sì, certo. Una bella sigaretta è proprio la boccata di aria pulita che ci vuole.

Le case qui in giro si somigliano tutte. Tutte di legno, col tetto spiovente, il vialetto di ingresso – spesso, una tettoia per le macchine – e il giardino. Anche dentro è lo stesso. Tutte col parquet e colori chiari, e un sacco di piccole cianfrusaglie carine sulle mensole e i mobili. Tutte così. Anche casa mia è così. Tutto pulito e ordinato e luminoso e carino. Guarda il giardino di questo tizio. Ha fatto delle piramidi con le siepi…cafone da morire. Brutto, poi. Come cavolo ci pensano – tutti dicono che il nostro giardino è il più bello di tutti– ci credo visto tutto il tempo che mamma ci spende sopra – china a piantare tagliare strappare sradicare – serra e fiori e rampicanti e chissà come andrà questo autunno ha intenzione di far crescere anche l'uva nella serra – sicuro, se sarà già tornata dalla spesa, ora che arriverò a casa la troverò in giardino, tutta presa, con i guantoni e la tuta che mette sempre, sporca di erba e di terra. Ci spende tanto di quel tempo…è bello, però, per certi versi. Abbiamo tutto a portata di mano. Ci facciamo la nostra marmellata la nostra frutta – abbiamo persino le galline e i polli – mamma fa il pane tutte le mattine – è bello, ma non credo che riuscirei mai a fare tutte quelle cose. C'è veramente un sacco di lavoro. È proprio quello che mamma vuole – un sacco di lavoro. Domani, lunedì, si sveglierà alle quattro di mattina. Si metterà a lavare i panni e mettere a posto piatti e bicchieri dalla lavastoviglie e farà il pane poi si preparerà in tutta fretta e alle sei andrà in ambulatorio dove lavorerà – uomini donne vecchi bambini bianchi neri malati sani stetoscopi vaccini pillole blocchetti di fogli per ricette e quegli affari che fanno guardare nelle orecchie – fino alle cinque o giù di lì. Poi tornerà dal lavoro, stanca morta, e, mentre preparerò la cena, se ne starà sul divano, a bersi i suoi tre – quattro bicchieroni di vino mentre guarda la TV e sferruzza qualcosa – un maglione o una sciarpa o chissà – per qualcuno – me o un nipotino appena nato o qualcun altro. Ceneremo, e lei berrà un altro paio di bicchieri di vino, diventando un pochino brilla. Lì parleremo per un po', e sarà il momento più bello, che però durerà troppo poco, perché alle otto – massimo otto e un quarto – di sera lei è così esausta che deve andare a dormire. Se ne andrà in camera da letto, accenderà la TV e si addormenterà così, per poi svegliarsi il giorno dopo alle quattro di mattina di nuovo e fare tutta la trafila, un'altra volta, un altro giorno come tutti i giorni – tranne il week end, dove lavorerà in giardino per ore e pulirà e sistemerà e farà la spesa. Non riesco davvero a capire. Io non resisterei un giorno soltanto, a vivere in questo modo. Ma lei dice che questa è la sua vita ideale. È fatta così e basta. Non è capace di starsene semplicemente ferma senza fare niente, a rilassarsi un po'. Si sente in colpa, se non ha niente da fare. Le piace la routine, la consapevolezza di aver fatto qualcosa di buono, di utile – sei quello che fai. Questo dice sempre – dipenderà dalla famiglia da cui viene – quella grande casa – Nordjylland, vicino Ålborg in quella grande casa bianca la più grande del paese – il nonno, grande e grosso, con quel faccione semplice e buono ma anche duro, autoritario, quando vuole. Lo senti dalla voce. È profonda e affettuosa, ma ogni tanto esce fuori quel tono che ti dice meglio che non mi dai fastidio, sennò passi i guai. Forse è così che parlava ai dipendenti, prima di andare in pensione – mamma mi ha detto che la sua fabbrica adesso appartiene a una grossa compagnia – ha fatto tutto da solo – mamma ha detto che non lo vedeva quasi mai. Sempre a lavorare – chissà se le ha mai detto "ti voglio bene" o "sono orgoglioso di te". Probabilmente no. Probabilmente è come mia madre. Dimostra che le vuole bene dando soldi, cose, regali. È come mia madre. Non li ho mai visti abbracciarsi o altro – sempre tutto di un pezzo – ovvio che lei è venuta fuori così, da una famiglia del genere – sei quello che fai – è bello che mamma faccia tutto questo, ma a volte vorrei che fosse un po' diversa. Vorrei che si preoccupasse un po' meno della casa e della pulizia e mi chiedesse più spesso, sorridendo, "come stai?". O che mi abbracciasse, o mi dicesse più spesso di volermi bene. So che me ne vuole, ma vorrei sentirglielo dire un po' di più.

Chissà se è sempre stata così, anche da giovane. Probabilmente sì, ma molto meno. Si dice che i difetti e i pregi si intensifichino con l'età. Forse anche allora aveva sempre bisogno di tenersi impegnata, ma riusciva ogni tanto a rilassarsi. In libreria ho trovato un sacco di libri. Libri *tosti* – perlopiù francesi, Flaubert,

Stendhal, Balzac, ma anche Kafka, Bernhard, Turgenev – quando le ho chiesto se fossero i suoi libri, se li avesse *letti* per davvero, mi ha guardato e ha detto beh? Perché sei sorpresa? – sicuramente pensava "cosa credevi? Che solo tuo padre leggesse libri?" – è vero, lo pensavo, comunque – quando le ho chiesto qualcosa, volevo parlarne, lei è stata molto vaga. Ora non legge quasi più, a parte qualche giallo la sera.

Da giovane era bellissima. Come una modella. Avrà fatto girare la testa a un sacco di gente, chissà. Me la immagino – prima che smettesse di fumare – su un tavolino, insieme a degli amici, con una sigaretta e un bicchiere di vino rosso. Vestita come nella foto che ho trovato in un cassetto del suo studio, quando lei non era in casa. Erano gli anni settanta. Tutti vestiti come hippies. Sicuramente si sarà anche fumata qualche canna, ai suoi tempi. In quella foto era incredibilmente bella. Meno rughe, un sorriso più rilassato. Insieme a tanta gente, abbracciata a mio padre.

Forse è stato proprio lui a farle venire tutte quelle rughe. A renderla tanto tesa. È stato il suo regalo di matrimonio.

E infatti eccola qua – proprio ora che ci pensavo – giocavo con i petali dei fiori in un secchiello pieno d'acqua e c'era una palla colorata sull'erba del giardino e il pianoforte nel salotto – ecco la nostra vecchia casa – ascoltavo sempre seduta sul divano mamma che suonava quel pianoforte e fuori pioveva e sembrava tanto bella e tanto triste e tanto sola quando suonava – quanti anni saranno passati da quando l'abbiamo lasciata? Ne avevo dodici… sei dodici diciotto. Ora diciotto. Sei anni – la stufa a legna e quando c'era vento quella tempesta e lui tornava in casa col cesto pieno di legna e il fuoco lampeggiava rosso e lui ci buttava la legna – sei anni. È passato un sacco di tempo.

Quella casa era molto diversa dalla casa dove vivo ora. Il sole faceva fatica a entrare, lì dentro – pareti e mobili di legno scuro e finestre piccole e lungo corridoio – e le luci non erano i faretti della casa nuova. Ora che ci penso, noi non usavamo mai le luci dei lampadari, nella vecchia casa. Era disseminata di lampade. Dappertutto. Le accendevamo per tutta la casa. Persino in cucina. Stavamo quasi sempre in penombra, la notte. Ecco perché quasi tutti i ricordi di quella casa si ricollegano in un certo modo con la stufa a legna. Perché con quel buio il fuoco, agli occhi di una bambina, aveva qualcosa di magico.

Anche la vita che facevamo era diversa. Mamma non lavorava ancora così tanto. Stava sempre con me. Gridava molto, era triste e nervosa. Da bambina non potevo capire bene il perché, ma mi accorgevo che c'era qualcosa che non andava – poi crescendo ho capito. Mio padre – esce dallo studio e mi sorride, chiamandomi per nome a voce bassa – mio padre – certe volte mi trattava come un'adulta, quando parlavo con lui. Mi guardava negli occhi e ascoltava attentissimo quello che dicevo, rispondendomi seriamente, riflettendoci sopra, facendomi sentire grande, importante. Altre volte era come un compagno di giochi. Mi faceva ridere tanto, con le facce buffe e i giochi che si inventava. Il più delle volte, però, mio padre per me è stato costantemente fuori fuoco. Ci parlavo, e le sue risposte arrivavano in ritardo, sconnesse, distratte. I suoi occhi sfuggivano, e anche quando lo guardavo negli occhi, non ci vedevo nulla, dietro. Una persona completamente persa, che cerca disperatamente di comportarsi normalmente mentre affonda. Mi faceva sentire strana, quando era così. Per tanto tempo non ho capito cosa fosse quella cosa che sentivo dentro. Gli ultimi anni che ho passato con lui, poi, ho capito che si trattava di pena. Perché era patetico.

È facile ricordare che non è stato sempre così. È molto più facile ricordare con un sorriso pochi momenti belli – mi insegnava a giocare a scacchi e insieme giocavamo sempre a carte – poker e cinquecento – mi ha fatto capire quanto è bello e poetico e importante tenere delle carte in mano o muovere una pedina lungo la scacchiera – erano belle quelle serate, anche se mi sentivo costantemente sotto esame – da una parte lo ammiravo. Lo consideravo ancora come l'uomo più saggio del mondo, quando mi spiegava perché le torri fossero così importanti e cosa voleva dire occupare il centro della scacchiera e quando mi ripeteva per l'ennesima volta che i pedoni sono potentissimi se li usi bene ma che poi rischi di imprigionarti da solo se li usi *troppo*, e a volte sorrideva e aggiungeva: come con il whisky. Lo ammiravo tanto, ma allo stesso tempo – perché in fondo *sapevo* che c'era qualcosa che non andava, anche prima di essere abbastanza grande da *capirlo* – volevo batterlo. Volevo schiacciarlo, umiliarlo, con una rabbia cieca, senza pietà. E quando mi demoliva lentamente a scacchi o mi batteva a carte una parte di me annegava nella collera e avrei voluto ammazzarlo. Le poche volte che vincevo a carte sentivo come una tigre che ringhia dopo aver ammazzato la preda.

È facile ricordare i momenti belli. Difficile è stato – e lo è stato per tanto tempo – ammettere che quei momenti belli sono stati pochissimi. Che il più delle volte mio padre era sbronzo perso, e a momenti non riusciva a mettere due frasi insieme. Che a furia di bere stava ammazzando mia madre facendola annegare nella depressione. Che a furia di bere ha distrutto il suo matrimonio e la sua famiglia che ha continuato a bere nonostante sapesse che questo lo avrebbe portato a perdere sua moglie perdere sua figlia perdere se stesso. Ha preferito quello a tutto il resto ed è rimasto solo con quello ora. Chissà che sta facendo adesso laggiù a Silkeborg tre anni che non lo vedo. Non ci penso sempre ma quando succede divento – davvero – era da un paio di giorni che non ci pensavo l'ultima volta tornando da – divento – davvero – *triste*. Una settimana fa il telefono ha squillato e io ero sola a casa sono andata a rispondere pensando che fosse un collega di mamma o un'amica che chiamava al telefono di casa e invece era lui e appena ho sentito la sua voce mi si è gelato il sangue e tutto ha preso a girare e aveva una voce che sembrava venire da sottoterra non si riusciva a capire niente di quello che diceva e ogni parola era completamente sganciata dall'altra e si ripeteva continuamente si ripeteva si ripeteva si ripeteva si ripeteva continuamente si ripeteva continuamente e non capiva quello che gli rispondevo poi alla fine non ce l'ho fatta ho dovuto riattaccare non so nemmeno che cosa gli ho detto e poi il telefono ha squillato di nuovo e era lo stesso numero e io sono andata in cucina e stavo per svenire lo giuro e il telefono ha continuato a squillare per un'eternità e io ero sempre più debole poi alla fine grazie a Dio ha smesso grazie a Dio ha smesso e ho ricominciato a respirare ma poi ha squillato di nuovo e allora sono corsa in soggiorno e ho staccato la spina del telefono e l'ho sbattuto per terra e ho pianto per un quarto d'ora non riuscivo a respirare – io dodici anni affacciata alle scale mentre gridavano come pazzi e lei piangeva lui che gridava TI ODIO e la afferrava per un braccio e la sbatteva contro un muro e dopo averlo fatto è piombato il silenzio non era mai successo prima e lui è crollato a terra e ha iniziato a piangere come un bambino e mia madre si è rialzata è andata in bagno è tornata dopo dieci minuti con me ancora affacciata alle scale e quando è tornata lui stava ancora piangendo per terra completamente a pezzi e mia madre mi ha visto mi ha visto affacciata alle scale ha visto quanto ero spaventata poi è tornata a guardare mio padre e con una voce così dura tanto calma e dura che avevo paura che mio padre si sbriciolasse per quanta rabbia e odio e forza e fiamme c'erano in quella voce con una voce così dura ha detto adesso faccio i bagagli e me ne vado ho chiuso non ti voglio vedere mai più oggi stesso prendo Anna e me ne vado e chiamo l'avvocato e lui continuava a piangere senza fare niente come un bambino – io cinque anni scendevo le scale a fatica ero piccolissima e ho aperto la porta dello studio di lui e l'armadio era socchiuso c'era qualcosa che luccicava ho aperto l'armadio e era pieno di bottiglie vuote

quando ero più grande e loro litigavano io prendevo e uscivo di casa e camminavo lungo questa strada di casette tutte uguali tanto belle tanto pulite tanto ordinate e perfette con i tetti spioventi e il vialetto e il giardino tanto carine e ordinate e pulite ma era tutto un mondo di plastica erano di plastica anche i fili d'erba anche i tronchi degli alberi era un mondo finto e il cielo era fatto di cartone e gli esseri umani erano tanti piccoli giocattolini di plastica e marionette e io ero prigioniera in questo mondo piccolissimo di plastica allora non ce la facevo più e mi mettevo a piangere e allora il mondo smetteva di essere di plastica e diventava enorme e freddo e buio e duro e cattivo e le casette diventavano caverne buie e paurose che dentro nascondevano odio e crudeltà e violenza e meschinità e lupi e mostri e continuavo a camminare sotto il cielo che non era più di cartone ma di piombo e sentivo di cadere e sapevo che non ci sarebbe stato nessuno a raccogliermi e rimettermi insieme in quel mondo di plastica-piombo dove ti chiedono come stai e non aspettano altro che "bene" come risposta in questo mondo di plastica-piombo dove quando sei lì che chiedi aiuto quando sei lì che piangi e gridi che stavolta non puoi farcela stavolta davvero non *puoi* farcela da sola loro se ne stanno lì a guardarti con facce di cemento e con un'espressione dura senz'anima non interessi a nessuno quando sei giù da buttare vogliono solo qualcuno che faccia stare allegri per una serata e non servi a nessuno se chiedi aiuto e non hai niente da dare e sei vuota dentro la gente non è buona nessuno è gentile con nessuno no nessuno è gentile con nessuno siamo tutti in lotta tutti in lotta per sopravvivere in questo carnaio di sangue piombo e plastica la bontà della gente viene soffocata sul nascere anche mio padre era buono ma la sua era una bontà da partita a scacchi o a carte la sua era una bontà da storie raccontate davanti al camino era la bontà di un uomo debole e i deboli devono essere schiacciati umiliati feriti distrutti bottiglie vuote nell'armadio urla e affacciata alle scale e piangeva per terra

dopo che lui è andato a Silkeborg sono andata a trovarlo per un paio d'anni ma non ce la facevo avevo capito che non c'era più niente da fare non ascoltava mi guardava e non riusciva a *vedermi* e lo guardavo e non sentivo altro che pena e vergogna e una rabbia che cresceva e cresceva e cresceva e cresceva l'ultima volta che l'ho visto quando ho dormito a casa sua e sono tornata tardi da una serata con amici e lui era ubriaco e ha iniziato a gridare senza motivo e a ripetersi a ripetersi continuamente a ripetersi a ripetersi a ripetersi a ripetersi e ho preso il bicchiere e glie l'ho lanciato addosso e sangue sulla sua fronte e io a scappare e chiamare mamma vieni a prendermi mamma sono sola che corro di notte mamma vieni a salvarmi

IV

Solo allora capisce di essere arrivata al limite di Borum, dove la strada finisce e lascia il posto all'aperta campagna. Rimane ferma lì per un sacco di tempo, ansimando. Il suo respiro, però, lentamente, molto lentamente, comincia a farsi più regolare. Il viso, che prima era diventato pallido come quello di un fantasma e poi, durante la corsa, rosso, torna gradualmente al suo colorito normale. A quel punto si guarda intorno. Il cielo è nuvoloso, ma le nuvole non sono più la massa compatta e grigia di quella mattina. Adesso si sono come sbrindellate, e il sole riesce a penetrare. L'avvicinarsi della sera, unito ai raggi del sole, rende le nuvole come una massa irregolare, un misto di blu grigi e viola, con, in prossimità del sole, degli squarci dorati. Anna guarda il cielo e la campagna circostante, quindi prende una sigaretta e la fuma dando lunghe boccate, osservando il fumo denso e azzurrino che esce dalla bocca. Ogni tanto si guarda intorno, come una bambina che si è persa in un posto sorprendentemente piacevole.

Cuore batte tumtumtumtum – non respiro – ho corso? – è finita ora finita tranquilla è finita – affacciata alle scale sento le urla – cuore batte corre rimbomba nelle orecchie – la testa gira – lui piangeva per terra – respira fai entrare l'aria respira piano profondamente – la testa è leggera adesso – tutte quelle bottiglie vuote armadio bottiglie – cuore fai rallentare il cuore respira – mamma guarda e mi vede affacciata alle scale – è finita stai tranquilla. È passato. È *il* passato – senti quanto ho sudato – sei al sicuro, è tutto passato – ora respiro bene. Respiro bene di nuovo – non mi ero nemmeno resa conto di essermi messa a correre – il vento è cento volte più freddo, ora che ho sudato – il cuore ha rallentato. Respiro bene – devono avermi preso per una pazza…correre così…spero che non mi abbia visto nessuno – appena torno a casa devo farmi una doccia e cambiarmi i vestiti. Ho sudato come in palestra. Se non altro avrò bruciato qualche caloria.

Sono arrivata fino alla fine della strada. Roba da pazzi. Qui è proprio bello, però. Devo fumare una sigaretta. Dov'è l'accendino? Eccolo. Guarda il cielo. È incredibile. Come se fosse notte e giorno allo stesso tempo – magari avessi una macchina fotografica. Qui intorno è tutto verde. Sono l'unico essere umano. C'è solo pace e silenzio. Vento. Verde. Gli alberi sono ancora quasi tutti neri e secchi, ma le poche foglie che hanno sono verdissime. E tutte bagnate di pioggia.

Sono calma adesso. Probabilmente è una cosa che a volte semplicemente deve succedere. Non ci penso per un po' e poi ecco che torna. Magari farsi una corsa è stata la cosa migliore. Meglio che starsene in camera a piangere come succede altre volte. Adesso sto bene di nuovo. Mi sento completamente svuotata. Leggera. Sono libera. Tutte quelle cose sono lontanissime. Mi sento come se stessi volando sopra la terra e allo stesso tempo solida, forte, con radici spesse. La mente è chiara, di nuovo. Gli alberi sono vivi. L'erba è così verde da abbagliare. Il mondo non è piccolo e di plastica, né pauroso e di piombo. È enorme, e vivo, e respira. *Respira* con respiri antichi, profondi e imponenti, e io lo sento respirare.

Ora voglio tornare a casa. Voglio vedere mamma. Prima ancora di farmi una doccia e andare a cambiarmi, voglio darle un abbraccio strettissimo. Sicuramente la troverò in giardino. La stringerò così forte da sollevarla. Poi le darò un bacio e le dirò grazie per il maglione, è davvero bello. E tiene al caldo. Poi farò una doccia, lunga e bollente, e tutto questo sudore orribile se ne andrà. Mi metterò dei vestiti comodi e preparerò un tè. Preparerò la cena, e dopo mi metterò a studiare. Non ho molto da fare. Solo quella relazione sulla guerra civile americana e il destino manifesto. Ce l'ho per mercoledì, ma è meglio se inizio a prepararmela. Devo ricordarmi di telefonare a Emma e chiederle qual è il giorno in cui fa la festa di compleanno. Che vestito mi metto? Devo pensarci. Meglio muoversi ora, sennò con tutto questo vento mi prendo una polmonite.

A quel punto Anna girò i tacchi e prese a camminare verso casa. Il suo passo era lento, e l'espressione del suo viso era di nuovo tranquilla. Quando Jakob Kjær, il suo vicino di casa, guardò dalla finestra, non vide altro che una bella ragazza tranquilla che tornava da scuola, con indosso un paio di jeans un pochino troppo logori, una maglione di lana rosso scuro e una vecchia giacca militare verde decisamente troppo grande per lei.

Una storia vera

I: la pioggia

Pioveva sempre. La pioggia batteva violenta contro il tetto, creando un fruscio continuo che riempiva ogni spazio. La pioggia sgocciolava dalla crepa vicino al lampadario, e si andava raccogliendo in un grosso secchio di metallo che svuotavamo periodicamente. La pioggia era una presenza costante, l'unico contatto col mondo esterno che ci restava. Tutto il resto era lontanissimo. Le serrande erano sempre completamente abbassate, tanto da non far filtrare nemmeno un piccolissimo raggio di luce, e la casa era illuminata da luci tanto forti e bianche che facevano morire i colori. Senza sole e senza orologi, che erano stati tutti spaccati, non sapevamo nemmeno in che giorno o mese fossimo. Non sapevamo nemmeno se fosse giorno o notte. Tutto quello che sapevamo era che stava continuando a piovere, e che noi eravamo in quella casa.

II: la casa

La casa era molto piccola. C'era una cucina, col lavandino riempito di piatti sporchi; un bagno; una camera da letto con solamente una brandina sfondata; e il salotto, in cui stavano tre divani sporchi attorno a un piccolo tavolino di vetro. Questo era tutto. Restammo in quella casa per mesi, senza mai uscire, passando il tempo perlopiù in salotto. Mangiando pochissimo, e dormendo ancora meno. Quasi tutto quello che facevamo, era parlare. Aggiungere un mattone dopo l'altro al Discorso.

III: il Discorso

Anche a distanza di anni, è difficile spiegare che cosa fosse davvero il Discorso. Era iniziato semplicemente con una conversazione qualsiasi. A dire il vero, non ricordo nemmeno quale fosse l'argomento, all'inizio. Qualcosa che sembrava molto importante. Col tempo, però, il Discorso aveva preso a evolversi, a crescere, fino a diventare un'entità vivente, indipendente da noi, e che anzi era arrivata a dominarci quasi completamente. Il Discorso si era diramato, sviluppato, sfilacciato, dissolto, fino al punto in cui le nostre parole erano arrivate ad essere solamente dei rottami arrugginiti trascinati da un fiume in piena. Nessuno di noi cinque, a quel punto, credo, stava ancora cercando di dimostrare alcunché. Non riesco esattamente a spiegare perché continuassimo a parlare, se non dicendo che ci eravamo completamente dimenticati che esistesse qualcos'altro nel mondo al di fuori di quella casa, di quella stanza, di quel Discorso. Era come se fossimo diventati degli strumenti musicali al servizio del Discorso. Le nostre parole servivano solo a eseguire quella melodia dissonante e antica. Se ogni tanto nella nostra testa balenava il ricordo di qualcos'altro al di là di quella squallida casetta e di quel Discorso, trovavamo quel qualcos'altro completamente irrilevante. Ci guardavamo negli occhi e scoppiavamo a ridere, sentendoci come cospiratori. Ridevamo di tutto quello che era fuori da quelle serrande abbassate. Ridevamo perché niente là fuori aveva importanza. Il mondo faceva il suo giro, ma noi eravamo impegnati a cercare qualcosa che nessun altro conosceva. Cercarlo negli angoli di quella stanza, nel suono della pioggia, nelle pieghe di quel Discorso che assomigliava sempre di più a una verità incomprensibile.

IV: Henry

Henry aveva gli occhi spalancati, quando parlava, e l'espressione folle. Era continuamente percorso da tremori. Teneva una croce dorata nella tasca esterna dell'impermeabile, e ogni tanto la tirava fuori e la stringeva. Cucite all'interno dell'impermeabile, c'erano le foto in bianco e nero di tutte le persone che lo avevano ucciso, e certe volte il dolore che quelle foto gli procuravano era tanto forte che solo stringere quella grossa croce poteva farlo resistere. Se ne stava sempre seduto accanto a Franz, e quando quello si assentava, di colpo Henry si faceva ancora più smarrito e spaventato, con le mani che tremavano tanto da non poter nemmeno afferrare un bicchiere d'acqua.

V: Franz

Fortunatamente per Henry, Franz non si assentava spesso. Era quello che parlava di meno, tra noi, ma questo non vuol dire che non contribuisse nella stessa misura di tutti noi al mantenimento in vita del Discorso. Franz era piccolo e magro, stempiato, coi capelli neri come il lucido da scarpe. Non guardava mai nessuno negli occhi, e la sua voce era stridula e timorosa. Ogni tanto, però, Franz si trasformava: certe volte, nel bel mezzo di una frase, si interrompeva e si alzava in piedi. Quando questo succedeva uno di noi interveniva subito, per non bloccare il fluire del Discorso, ma nessuno toglieva gli occhi di dosso da Franz, che si aggirava calmo nella stanza, misurando lo spazio con passi lunghi e cadenzati. Dopo un po' (poteva trattarsi di un paio di minuti, ma anche di un paio d'ore) Franz si fermava, proprio al centro della stanza, e levava in alto l'indice della mano destra. Allora incominciava a muovere il dito nell'aria, come se fosse una penna, e tracciava nell'aria forme geometriche, con i bordi che avevano un colore acceso, blu elettrico. Le forme che disegnava restavano sospese a mezz'aria per qualche tempo. Mentre lui seguitava a disegnare l'aria, noi restavamo seduti, senza smettere di parlare, ma con lo sguardo fisso su Franz. Quando aveva finito, tornava in silenzio sul divano, intimorito e fragile come prima, ma mentre era lì, in piedi, la sua espressione era di assoluta serietà, concentrazione e determinazione.

VI: Franz e Dupont

C'è sempre stata una strana relazione tra Franz e Dupont. Quando Franz se ne stava seduto, era terrorizzato da Dupont. Si sedeva il più lontano possibile da lui, e lo guardava con la soggezio -ne con cui un cane guarderebbe il suo padrone. Quando invece Franz si alzava in piedi e creava quelle geometrie blu elettrico, era Dupont a dimostrarsi intimorito. Parlava poco, sussurrando, come se temesse di spezzare la concentrazione di Franz.

VII: Dupont

Dupont era pallido, e i cerchi intorno agli occhi erano neri e spessi e densi e pesanti e porosi come una cintura di cuoio. Se noi dormivamo poco, lui non dormiva mai. Non mangiava niente, non beveva un goccio d'acqua. Non faceva altro che parlare, perché era lui la spina dorsale del Discorso, e lo sapeva benissimo. Noi eravamo un corollario indispensabile, ma senza di lui tutto sarebbe crollato su se stesso. Smetteva di parlare soltanto ogni tanto per prendere un sorso di veleno dalla piccola tazzina che teneva in mano. Il veleno non aveva nessun colore e nessun odore, ma a sentire lui il sapore era abbastanza amaro. Dopo un sorso, per una decina di secondi, non succedeva niente. Poi cominciava a farsi debolissimo, e parlava con appena un filo di voce, per tornare, trascorso qualche minuto, come prima. Anzi, non proprio come prima. Appena un po' più pallido, un po' più segnato. Forse è stato perché i cambiamenti tra un sorso e l'altro erano minimi che non ci siamo accorti, ma alla fine di quei mesi Dupont era invecchiato di anni e anni, e era ridotto a uno scheletro. Il Discorso e il veleno lo avevano mangiato dall'interno.

VIII: un sacrificio

Dupont non è stato ovviamente l'unico ad essere stato ucciso dal Discorso. Noi allora non ce ne accorgevamo, tutti presi come eravamo a fare la nostra parte per edificare i grattacieli superflui e le migliaia di labirinti di vicoli ciechi con le parole, ma ognuno di noi stava dando la sua vita (o gran parte di essa) alla causa del Discorso.

IX: io e te

Se io e te non ci fossimo amati, probabilmente saremmo diventati morti viventi come è stato per Dupont, oppure, una volta fuori da quella casa, saremmo stati completamente schiacciati dal mondo esterno, come è successo a Franz e Henry. L'avere l'un l'altro ci ha permesso di conservare un piccolo pezzo di noi non ancora intaccato dal Discorso. Ogni tanto, infatti, ci alzavamo dal salotto, per andare in camera da letto.

X: a letto

Quando eravamo a letto insieme, il Discorso spariva. Non eravamo più fili di ferro percorsi da un'elettricità estranea, ma esseri umani, che erano capaci di vedersi e riconoscersi. In quei momenti esistevano solamente i nostri corpi, che si cercavano, e che erano guidati solo dal bisogno di sentire il corpo dell'altro. Tu ti offrivi completamente. Mi invitavi, quasi supplicante, a fare del tuo corpo tutto quello che volevo. Le tue gambe mi si avvinghiavano, e mi spingevano a entrare dentro di te. A prenderti completamente, senza condizioni. Guidavi le mie mani, febbrilmente, sul tuo culo. Volevi che lo afferrassero, lo stringessero, e che, mentre io spingevo col mio bacino, le mie mani muovessero il tuo, come se tu fossi una zattera in balia della tempesta. Mordevamo. Graffiavamo. Gridavamo. Dimenticavamo. Solo carne. Solo possedere e essere posseduti. Solo scalare, affannati, una montagna, per poi raggiungere la cima e bruciare insieme, precipitando immediatamente, stretti l'uno all'altra, mentre tutta la stanza si stringeva e dilatava, e la terra e il letto collassavano, e non esisteva altro che quel precipitare insieme, e tutti e due urlavamo come pazzi, senza riuscire a smettere.

XI: il ritorno in salotto

Poi, era finita. Esausti, ansimanti, ci staccavamo. Restavamo così, nudi, sul letto, e di colpo tornavamo a essere lontanissimi. Uno di noi parlava, e quello che diceva, era chiaro, non era altro che la continuazione del Discorso, ripreso lì dove lo avevamo interrotto. Restavamo un po' in camera, ma non facevamo altro che proseguire il Discorso in un'altra stanza. Sembrava quasi che il Discorso in quei momenti si fosse sviluppato in due diverse varianti, completamente simmetriche tra loro: la variante del Discorso nel salotto, e la variante in camera da letto. Dopo un po', ci rivestivamo e tornavamo in salotto. Spesso, quando rientravamo, Henry si voltava e ci guardava con i suoi occhi enormi completamente spalancati, come sorpreso. Sembrava quasi non si fosse nemmeno accorto che ce ne fossimo andati, e allo stesso tempo che ci avesse dimenticati completamente. Dupont invece ci guardava appena, e poi tornava al Discorso, esattamente nel punto dove il nostro arrivo l'aveva interrotto. Franz era lì, ad ascoltare Dupont e a rispondere, ma si vedeva che, almeno un po', era turbato dal nostro ritorno, e ci scrutava con la coda dell'occhio.

XII: epilogo

Ti ho rivista solo un paio di anni dopo aver lasciato quella casa. Quando Franz, Dupont e Henry erano ormai morti. Provammo a stare insieme di nuovo, in quella città tanto strana, fatta di giganteschi palazzi in mezzo a scogliere e montagne senza un filo d'erba. Provammo a sostenerci a vicenda, cercando di non cadere durante quel lungo cammino che stavamo facendo, quel tentativo disperato di riuscire a vivere dopo la nostra morte avvenuta attraverso il Discorso e la sua fine, ma non funzionò. Io avevo già capito che l'unico modo per sopravvivere era l'automutilazione. La distruzione di grandi parti del mio essere, ormai definitivamente compromesse, il tutto per salvare un misero relitto, un uccello con le ali atrofizzate, in grado di barcollare in quelle distese di cemento impietoso. Tu ti rifiutavi di farlo. Non volevi rinunciare a te stessa, o forse non potevi, perché tu, tra tutti noi, eri l'unica a essere rimasta integra. L'unica che era riuscita a rifiutarsi di firmare il suo atto di resa senza per questo finire sbriciolata sotto i colpi di un mondo che ormai si era dimenticato di noi, e che vedeva il nostro ritorno come l'arrivo di corpi estranei, da soffocare, uccidere, schiacciare. Tu non potevi fare come me, piegarti, arrenderti, mutilarti. Non potevi fare nemmeno come gli altri, disfacendoti fino a sparire. Hai preferito buttarti sotto un treno in corsa, in un giorno come gli altri, senza lasciare nessun biglietto. Qualche giorno prima di ucciderti, hai passato la notte con me, e entrambi per un po' abbiamo cercato di rompere i nostri rispettivi strati e strati di solitudine, per vederci, toccarci di nuovo, ascoltarci, senza riuscire a fare altro che fallire. Dopo un po', ti sei alzata dal letto e hai tirato fuori qualcosa dalla borsa che ti eri portata. Era un grosso fiore di plastica. Hai messo il fiore di plastica sul tavolino davanti al letto e hai premuto un bottone, e delle piccole lucine blu dentro ai petali di plastica hanno preso a accendersi a intermittenza. Poi sei tornata a letto, al mio fianco, e mi hai preso la mano, invitandomi, sul punto di piangere, a guardare quel fiore di plastica. Mentre lo guardavo, mi hai sussurrato all'orecchio: «Non è bellissimo?».

Marco Genovesi

Marco Genovesi was raised in Vasto, in the region of Abruzzo. He studied Diplomacy and International Relations at the University of Bologna. Besides his poetry, Genovesi has also written a novel, *Un artista del trapezio (A Trapeze Artist)*, as well as a series of short stories. For the last several years he has spent much of his time in Aarhus, Denmark.

www.ingramcontent.com/pod-product-compliance
Lightning Source LLC
Chambersburg PA
CBHW071218090426
42736CB00014B/2880